物件サポート
3500人！

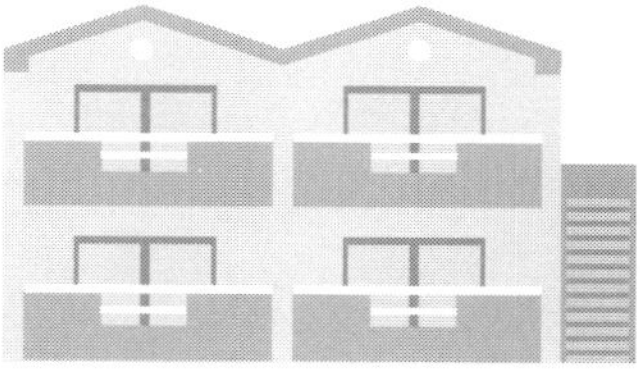

事例で見る“勝ち組大家”の法則

～景気やブームに左右されない！
不変の不動産投資成功のコツ～

株式会社クリスティ 代表取締役
富士企画株式会社 代表取締役
新川《しんかわ》 義忠《よしただ》

はじめに

こんにちは。著者の新川忠義と申します。

今回、3冊目の書籍を出版させてもらうことになりました。

すでに世の中には様々な不動産投資の手法が紹介された書籍があります。巷には著名な凄腕大家さんが成功されている話がたくさんあります。

もちろん、優秀な投資家さんの投資手法には目を見張るものがあります。我々、不動産業者からしても、勉強になることもたくさんあるほどです。

つまり、もう書籍において、現段階の成功ノウハウは出尽くしているのです。

そこで、今回新作を書かせていただくにあたって、どんな内容にしたら役立つ本になるのか？　と考えたときに、私が思ったのは、ノウハウの先・・・大家さんとしての成功の結果です。

ただ、一口に成功といっても、様々な形があります。そこで、あえて注目を浴びていないような一般の投資家さんたちに目を向けて、どのように物件を買っているのか、どうやって利益を得ているのかを掘り下げてみることにしました。

私は、不動産業界で20年に渡りプロとして仕事をさせていただいており、延べ3500人の大家さん誕生・物件購入の現場に立ち会っています。ですので、そんな事例は書き切れないほどにたくさんあります。

不動産投資の市場ですが、今年より融資が引き締まり、物件が買いにくくなったと言われる中で、徐々に物件価格は下がっていますが、そこまで暴落しているわけではありません。

人によっては「値段が下がってチャンスが到来する」ともいいますし、逆に「融資がつかないから物件が買えない」といいます。

この先、どうなるのか断言はできませんが、一ついえることは、どんな時代でも良い物件は出てきますし、融資をつける金融機関はあるものです。

物件の相場は変わりますし、融資条件も変わります。しかし、どこの金融機関も一切出さないということはありませんでした。また、相場が上がっている中でも、比較的に良い物件というものはあります。

もちろん、高利回りで築浅で好立地にある物件なんて、そうそうありませんが、しっかり利益の出る物件を買うことはできるのです。
そうした事例を過去の振り返りと共に紹介します。もちろん、最新の融資情報や成功に必要な条件なども書き加えました。
また、私のこれまでの書籍のテーマは、売却など出口にフォーカスしていましたが、今作は事例と共にご紹介していくので、初心者の方にもわかりやすい内容になっているかと思います。

ぜひ、先人の成功体験を活かしてもらい、読者のみなさまも成功大家さんの仲間入りを果たしていただくことを期待して本書を世に送り出します。

新川 忠義

◆目次

第2章 私と不動産業界の歩み

第3章 「投資歴3年・5年・10年」時代を超えても成功し続ける10人の成功大家さん紹介！

第4章　新川式不動産投資術【購入編】

第5章　新川式不動産投資術【管理・出口編】

第6章　成功する大家さん「7つ」の共通点

第1章

不動産投資の20年の流れ（市況・融資）

現在は、不動産会社の経営者である私ですが、常にサラリーマン投資家さんたちと一緒に歩んできました。

新築シェアハウスの問題がテレビや新聞で連日報道されたり、今まで以上にネガティブな形で取り上げられている不動産投資ですが、これまでにも、様々なことが起こってきました。

第1章では不動産投資を取り巻く環境がどのように変わってきたのかを、私の経験から解説したいと思います。

1 経験しなかったバブル時代

今から35年前。私が小学4年生だったころ、父親が家を買いました。ちょうどバブルの前くらいになります。その後、土地の価格が高騰したと聞きました。

日本経済のバブルについて、私は子供だったのであまり実感がありません。今振り返ると、3人兄弟だった全員が私立の学校に通っていたので、父親は大変だったろうなと思います。だからといって家が特別に貧しいというわけでもありませんでした。

そんな当時、高校生だった私は地元の埼玉県春日部市の寿司屋でアルバイトをはじめました。時給470円からのスタートでこの時給は同級生の中でも1番安かったです。

とはいえ、同級生も一緒に働いていたので、バイト自体が部活のような楽しい感覚でした。今振り返ると「お金を稼ぐ」という意識は希薄だったと思います。

ですから、バブル時代といっても特に華やかな経験をしたこともありません。あまり勉強熱心ではありませんでしたが、充実した学生時代を過ごしていました。

当時は学生だらけだった飲食のアルバイトも、現在は外国人留学生頼みになっていることに時代の変化を感じます。

私自身は、この業界に入ったのは今から20年前のことです。1998年ですから、バブルが終わってから、すでに8年が経っています。それでもバブル崩壊の名残りを感じることがありました。

それは、先輩たちの「昔は良かった」「あの頃は○○だった」という風に伝聞がほとんどで、自分自身が感じることはありませんでしたが。

さて、第2章で述べますが、入社当時の『クリスティ』はアパートを売りながらも、マイホームも売っているような会社でした。サラリーマン投資家さんが徐々に増えてきた2003年頃の話です。

2 かつて住宅ローンのようなアパートローンがあった

当時は、現在メガバンクとなった合併前の某都銀が築年数に関係なく30年の融資を出していた時代でした。

収益評価でも積算評価でもなく、住宅ローンのような感覚で個人が30年ローンを金利2％代で引くことができたのです。

しかし、そんなことが長く続くはずもなく、すぐに融資の扉は閉じました。

その都銀が突然「不動産投資への融資はもうやらない」と言い出したので、営業マンの私としては「ええー！　どうすりゃいいんだよ」と途方に暮れたものです。

そして、その後はコツコツと他の金融機関の開拓にあたっていました。

当時の銀行の考え方としては、「勤め先・居住地・物件所在地」このすべてに支店があることを重視していました。

たとえば、神奈川県に住んでいる投資家さんが茨城県にある物件を買おうとしたら、銀行は「どうして埼玉の不動産会社が、神奈川の人に茨城の物件を紹介するんだ？」と、不自然に思うのです。

なぜかというと、「不動産は地場に根付いているもの！」という考え方が強いからです。

私が営業で千葉県の銀行をまわると、「なぜ埼玉の不動産屋が千葉に来ているの？」

と質問されるので、毎回そこを説明することからはじまります。

「うちは投資物件しか扱っていないので、投資家の居住地はそこまで関係ないんだ」と。

2003年、都銀が合併する直前のことでした。その都銀以外の金融機関に話を持ち込むと、「居住地と物件所在地の両方に支店があればOK」と考えていることがわかりました。

つまり、物件も違えばお客さんも違うので、一つの金融機関が全て対応できるということはなく、その都度、一から開拓をする必要があったのです。

今はそういった金融機関の情報が蓄積されて、「あの金融機関に持ち込むと融資が出るらしい」といった情報は、個人の投資家さんでも知るところとなりました。

しかし、当時はデータベース化されておらず誰もやっていないし、先輩もやっていませんでした。

もともとは埼玉県で営業していた『クリスティ』も、そのうちインターネット時代が普及しはじめると全国から問い合わせが舞い込むようになり、一件、一件対応するのが非常に大変でした。

ちなみに金融機関の開拓は今も続けており、意外な金融機関が融資を出してくれることを発見することがあります。

3 メガバンクのノンリコースローン

２００５年頃、不動産投資には比較的に積極手にな某メガバンクが非常に珍しいノンリコースローンを取り扱っていました。

ノンリコースローンを簡単に説明すれば、ローン返済は家賃収入から行い、万が一、融資返済ができなくなったときには、物件を売却すれば、それ以上のローン返済義務はなくなります。

一般的には不動産投資で失敗したとき、売却しても債務がすべて返せなければ、持ち出しが必要です。

また、融資を受けるにあたって、属性や自己資金ではなくて、あくまで不動産投資としての評価が基準となります。そのため該当物件は少ないですが、うまく合致すれば、そこまで属性を問われることなく融資が受けられました。

このローン商品はすぐに無くなりましたが、融資を受けて地方にＲＣ物件を買った投資家さんも多かったです。

その頃から、業者と提携して物件紹介をする不動産コンサルタントが登場しはじめました。

4 年収200万円でもOKだった地銀の融資

これを聞いて驚く方もいるかもしれませんが、今でこそ年収700万円という基準を儲けており、トラブルの渦中にある某地銀は、2005年頃には年収200万円代の人にも融資を出していました。

当時はそういう時代だったということです。しかし、投資家の人は金利が高いからと、あまり積極的に利用する人がいない印象でした。そんな時代に果敢に物件の拡大を図って成功した人も私は知っています。

その後のこの地銀は、融資の基準となる年収が400万円、500万円と徐々に上がっていったのは皆さんご存知のとおりです。

余談ですが、今でこそ個人向け融資のイメージが強いこの地銀も、昔は法人にも融資を出していました。しかし、法人に融資をしてみたところ、すぐに潰れた会社があったらしく、方針を個人に変えたようです。

また、今でこそ、木造には一切出していませんが、この地銀が木造アパートに対して積極的に融資を出したことで、２００２年頃より築古の木造アパートが流行った流れがあると思います。

私はこの時より前からずっと中古アパートを扱ってきましたし、経営者となった今は投資家さんに直接営業をするようなことはありませんが、『クリスティ』でも『富士企画』でも、中古アパートはずっと取り扱っています。

新築を好む人からすると、築年数の経ったアパートに融資をしてくれる金融機関があるのか・・・と思われるかもしれませんが、あるのです。

それが２０１２年くらいから、この地銀が木造への融資を締め出しました。「地方はやりません、都内はＯＫです」「年収いくら以上なら取り組みます」と、少しずつ条件がついて、それが完全にＮＧになったのが２０１５年です。正確にいうと、一気に辞めたわけではなく、徐々に閉めていったのです。

5 政策金融公庫について

築古物件、中古の木造アパートの購入において、強い味方となる政策金融公庫についても述べておきます。

もともと融資期間は15年が最長というイメージを強いなか、当社ではずっと20年で融資を引いてきました。

昨年から引き締められて、公庫の融資が厳しくなった今でも、17年で融資を引いた事例もあります。

これは当社が日本政策金融公庫との強い関係を持っているからです。

かつての若手が出世して役付きになっていたり、長年の付き合いの中で引き継がれた信用があります。とはいえ、何か特別な技を使っているわけではありません。

当社では、まず女性枠や若者枠などの優遇枠が使えるお客さんであるかどうかを確認しています。そして、当てはまる人にはそれを適用して融資の申し込みを行います。

公庫から借りるコツは「変なことをしては駄目!」、この一言に尽きます。変なこととは「裏技」であるかのように広がる手法全般です。

そういった方法は、自分の首を絞めるだけです。普通に堂々と既定の枠内で借りるべきです。

個人で借りる場合は、４８００万円というラインがあります。無担保の２０００万円と併せて４８００万円まで借りることが出来ます。次に７２００万円のラインがあります。

さらに言うと、有担保無担保に関わらず、１億２８００万円まで公庫で借りることができます。

ただし、そこまで借りられる人はめったにいませんが、しっかりとマジメに取引をして信用を積みあげていけば、それだけ融資が受けられます。

6 事業計画書はいらない、担当の稟議書が鍵

繰り返しになりますが、公庫から融資を引く際に、特別なことをしているわけではありません。もっといえば、事業計画も書いていません。今も基本的には事業計画な

んて書くもんじゃないとさえ思っています。

そうすると、お客さんからたまに「本当に大丈夫なんですか？」と心配されますが、いつも「そんなの必要ないですよ」とお答えしております。

それでも、今の不動産投資家さんは勉強熱心なので、本に書いてあったことを鵜呑みにしている印象を受けます。

本や教材に、「事業計画書を出すべき」と書いてあったらしく、それを信じ込んでいるわけです。

資料はないより、あったほうがいいのかもしれませんが、私の会社では必要以上に盛り上げるようなことは行っていません。

公庫の融資で重要なのは、我々が出す事業計画書ではなく、公庫担当者が出す稟議書です。

稟議書には担当者のレベルが反映されるので、足らない部分はこちらから「そこはこうやって書かなくちゃいけない」というのを具体的に教えればよいのです。

これが普通の不動産会社だと難しいのかもしれませんが、私はこれまで何回も何回もお客さんを紹介しているので、既に銀行とのパイプが出来上がっているのです。

実際に融資を受けるのはお客さんですが、それ以上に不動産屋に対しても銀行は重視しているのです。なぜなら、銀行にとってどんどんお客さんを連れてくる存在だからです。

世の中には融資アレンジができる不動産業者と、それができない不動産業者があります。

ひとくちに「融資アレンジ」といっても、そのスタイルはさまざまなので、「融資のパイプを持っている。ここはすごい！」とすぐに信用してしまうと、高い物件を掴まされることもありえます。

実際のところ、富士企画やクリスティのように、売買仲介で融資アレンジまでしている会社というのは少数だと自負しております。

世の中には「融資アレンジは一切できません」という会社もたくさんあります。むしろ、「それは自分でやってください」と断る会社のほうが多いと思ってください。

そのため、「融資だけ付けてくれませんか？」と当社を訪ねてくる投資家さんもいるくらいです。

それでは仲介ビジネスをしている当社の商売にならないので、さすがにお断りしています。

7 地方業者の変化

地方の業者さんは自分で物件を売る術を知らないので、急にアパートの売却依頼がきても対応できず、東京の業者さんのパイプを使って売ってもらうのが一般的でした。

多くの投資家さんを顧客として抱えている東京の業者は、地方の不動産業者を仕入先としてきたわけです。

しかし、「健美家」「楽待」といった不動産ポータルサイトが一般的になってくると、地方の業者さんも自分たちで物件を売るようになります。

そうなると自分たちで投資家さんのルートを持たない業者であっても、投資家さんへ物件を販売することができるのです。

稀にですが、「レインズ」（不動産業者間のネットワーク）にも「アットホーム」（元付の情報が掲載されやすいポータルサイト）にも掲載しないで、「健美家」「楽待」にだけ掲載される地方の物件が出てくるので、これはお買い得物件である可能性が高いです。

しかし、先ほども言ったとおり、そういった地方の業者は融資をアレンジすることができないので、個人だと買いたくても買えないケースが大半です。その結果、融資付け出来る我々のような不動産会社に物件が流れていくケースも多いのです。

私達は常に相場を意識しています。どれくらいの利回りで売ることができるのかということをいつも考えているのです。

そのため、市況によって安い高いはありますし、お買得物件もありますが、相場に比べて著しく安い価格の物件はありません。

高利回り物件はありますが、その高利回りには理由があるものです。

対して、地方の不動産業者が何となく値付けした物件は、すごく安い可能性がある反面、すごく高い場合もあります。

要は地主さんが「残債があるので、この値段以下じゃ売れない」と言われたら、それに従うしかありません。

しかし、地主さんが返済を終わっていたら、「相続税の支払いで現金が必要。すぐにでも手放したい」と安く出てくる可能性もあります。

今までは未公開物件＝お宝物件という認識がありました。しかし、田舎の業者さんが直接物件を売る方法を覚えたら、その構図も変わってきます。公開物件にも一種のチャンスがあるのですが、そこでハードルとなるのが「融資」です。

田舎の業者は融資が付けられない。しかし、東京で投資家さんをいっぱい抱えている業者だったらなんとかする術を知っています。

8 スピード重視の投資家さん

ここ2、3年で不動産投資をはじめた人たちは、すごくスピード感があると感じます。おそらく、それくらいのスピードで判断することを求められたり、出し抜かれたり、買い逃したりと悔しい思いもしたのでしょうか。とても高額な買い物なのに現地を見ずして買うような人もいます。

ほかには、3日で融資の結論を出す地銀が存在していたことも要因になっているのかもしれません。

それだけスピーディーに決断できるお客さんは、別の業者からすると、やり易いお客さんでもあるのです。

なかにはスピードを重視するあまり、ルールを無視して「とにかく物件を買いたい」と先走っているような投資家さんも見受けられます。

そういう人とは話をしていると、どうしても「壁」を感じることがあるのですぐ分かります。重要な部分を答えられないのです。

投資とは「自分の将来をどうしたいのか?」を明らかにして取り組むべきと私は考えるので、人によっては「余計なお世話だよ!」と思うかもしれないことも知っておくべきと私は考えます。


その人の将来、その目的に対して「じゃあ、こうやって頑張りましょう!」と提案をするようにしています。

そこで、「そんなことはどうでもいいんだ!」「いい物件だけ紹介してくれればいい」となると、共感できないし、お力にもなれません。このような人は他でやればいいと思っております。

私達のような不動産のプロに腹を割って話せないのは、これまで悪い業者にばかり会ってきて、酷い目に遭わされたのが理由である人もいるので、これは業界の問題でもあります。

世間一般の認識で、「不動産屋はやっぱり悪いやつが多い」と思われているので、少しでもイメージを改善できればいいのですが。

9 五反田地面師の詐欺、騙す業者

昨年の地面師の事件、これには不動産取引のプロも騙されました。私も周到に用意されたら見抜ける自信はありません。

ですから、悪意のある人間からすればプロでも騙せるわけなので、それこそ素人の大家さんを騙すのは赤子の手をひねるより簡単なのです。

騙すといえば、空室を改ざんしていた業者がいました。「この満室物件を売ってくれ」と依頼されて、現場を見たら明らかに人のいる気配がなく空室なのです。

その件を質問すると「建築屋が借りている。今は職人が仕事がないので住んでいないが、家賃だけもらっている」との回答。明らかに不自然なので嘘の可能性が高いですが、最終的に賃貸業者が出てきて、賃貸契約書まで出してきました。

仮に賃貸契約が有効でも、恐らく物件購入後、2、3カ月もしたら退去してしまうことでしょう。

売主と売主側仲介に悪意があったとして、それを買主側仲介が見抜けないと、買主が損をしますし、買主側仲介の信用も失墜してしまいます。

ただし、実際の売買では、契約から決済までの間に退去が発生するというのも十分ありえる話です。

ですから、出入りのある投資物件を買うなら、退去が出てもＯＫくらいの気持ちでないと駄目だと思います。

昔は融資が決まるまで1カ月かかるのが当たり前でした。契約時に満室だったものが決済のときは半分になっていることも実際にありました。契約している以上、その状態で引き継がなければいけません。そういう気構えが必要です。

ここで仲介会社が不正を働けるかというと、それは難しいです。

なぜなら、一般的な仲介会社は、知ったことは言わないといけないし、知っていて言わなかったほうがリスクも大きいからです。不動産の隠し事は、買った瞬間に全てバレると考えているからです。

業法に則って、真面目に仕事をしている不動産仲介は、ペナルティが機能するので不正を働く余地が無いのです。

10 三為業者からの物件購入

このような物件を購入している投資家さんは皆さん口を揃えて、「業者の融資アレンジで物件を買った」と言うのです。それはどういうことかといえば、三為業者からの物件購入です。

三為業者とは、「中間省略」（新中間省略登記）を行って物件を売買する業者を指します。

中間省略とは、AからBへの売買、BからCへの売買があった場合に、所有権はA↓B↓Cと順次移転しているにもかかわらず、中間者Bへの移転登記を省略して、AからCへ直接所有権が移転したこととする登記を指します（イラスト参照）。

中間省略は、A↓B、B↓Cとの移転登記をすれば、登録免許税が登記2回分必要になるところを、中間者Bへの移転登記を省略して、1回で済ますことができます。

このようなやりかたで、BはAから物件を安く購入して、利益を乗せてCへ売却す

中間省略の仕組み

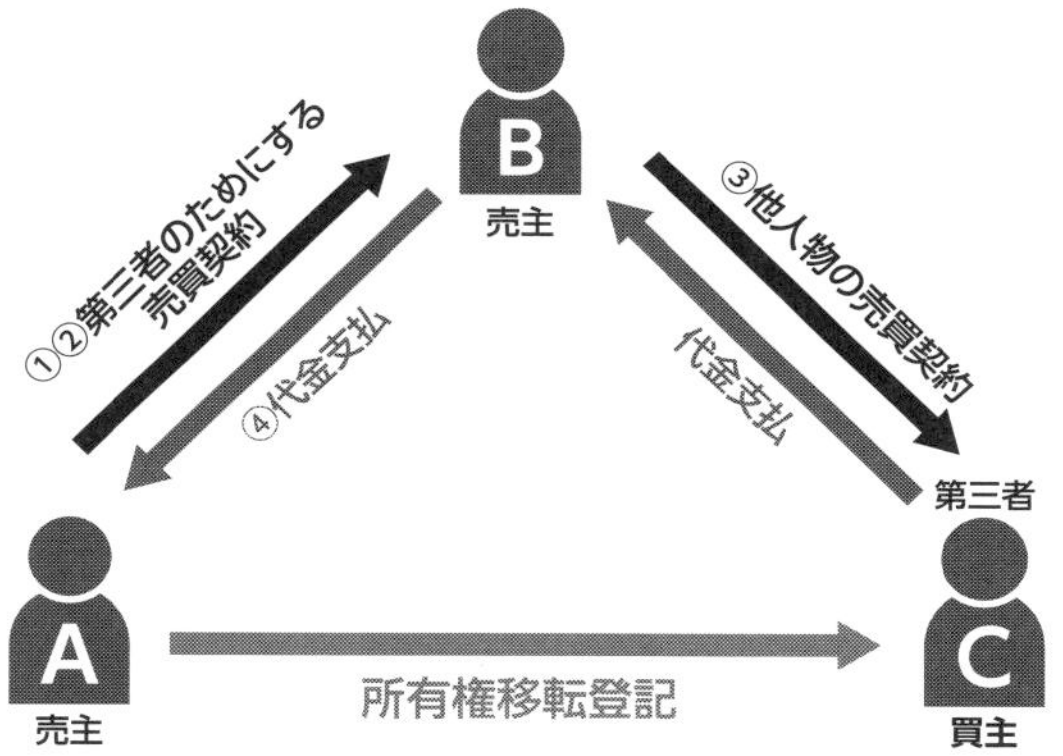

るのが、よくあるやり方です。

たとえば、３０００万円の物件を仲介したケースでは仲介手数料は両手で２００万円です。しかし、３０００万円の物件を２５００万円で交渉して購入し、それを３０００万円で売れば５００万円になります。

同じ手間でこれだけ稼げるのであれば、「自分たちで買ったほうがいいのではないのか？」となり中間省略が広がっていったのです。

この場合、値付けの根拠は「融資がでる範囲内」です。金融機関が「利回り８％なら融資を出します」ということであれば利回り８％で売りにだされます。

なかには「三為業者から買ったら仲介手数料がかからない」と考えている人もいますが、

それ以上の利益が確実に乗っていることを忘れてはいけません。

購入する人は、年収の基準に合うサラリーマン投資家さんです。

自分の属性が銀行の条件に合致すれば、1棟物件のオーナーになれるということで、先述した通りどんな物件か見もせずに購入したケースもあります。

これも「○○スキーム」と言われるサラリーマン投資家さんの買い方の一つとして有名となり、自己資金を出さずに大型の物件を買えることから、ハイレバレッジ投資を行いたい方々から支持を得ていました。

このような買い方が世の中に出はじめたのは、2012年くらいのことです。

当時は利回り12%や13%くらいの物件を、金利4・5%で借りて、2年ほど経てば別の地銀で借り換えすることが可能で、それがスタンダードでした。

そこまで面倒を見る業者があったということです。借り換えで金利が2%に下がれば、イールドギャップを10%取ることができたのです。

その後、金融緩和政策と共に融資が出やすい環境となり、そこに合わせて三為業者も売買金額を合わせるようになりました。

卵が先か鶏が先かわかりませんが、頭金を出さずとも億単位の物件が購入できるということで、飛びつく投資家さんも増えて、三為業者から物件を購入することが一般的になっていったのです。

それと共に物件価格も高騰していきました。

三為業者は多少相場より高くても買います。なぜ業者が高く買うのかといえば、さらにその先も高く買ってくれるお客さんがいるからです。

高く買う人たちというのは、不動産会社のいいなりになって物件を購入するようなサラリーマン投資家さんです。

自分で物件の状態を調べたり、賃貸ニーズをヒアリングしたりはせず、すべてを業者さんに丸投げしています。つまり、その価格が適正なのか判断することができないのです。

いくつかの地銀の融資の多くが、三為業者によって成り立っているため、その業者と銀行の間に強力なパイプを築いており、それが不動産業者のいう「融資アレンジ」の根拠となっているのです。

売る立場の投資家さんのなかにも「自分が知っている投資家さんに高く売りつけるのは気が引けるけれど、三為業者で高く売れるのならラッキー」と考える方もいるのでしょう。

11 すべての三為業者が悪ではない

一方、私が経営している会社は、融資アレンジが得意でありながら、売買仲介をメインにしているので非常に珍しいパターンです。

むしろ三為業者に物件を卸すことがありました。

なぜ個人投資家さんではなく業者が買っていくのかというと、プロ同士の取引のほうが圧倒的に楽だからです。

お客さんに物件を紹介すると、どうしても細部までフォローしなくてはいけない部分が出てくるものです。その点、プロ同志であれば、揉めることはほとんどありません。

実際、私がクリスティに戻った2015年ごろ、お客さんのほとんどが三為業者だったことに驚きました。

仲介物件を買っているのが三為業者ばかり。なかには普通に物件を買っている個人もいましたが、それは少数派でした。

私もさすがに「こんな異常な状況がいつまでも続くわけがない」と判断し、これからは三為業者に物件を売ることを辞めるように社員へ忠告しました。

お客さんへ真っ当に売れば、次の物件も買ってくださる。そのほうが長期的に見てプラスになると考えたのです。

もちろん、すべての三為業者が多額の利益を乗せているわけではありません。

適正価格で物件を売る業者さんも存在しているのですが、サラリーマン投資家さんから見たときに、どの業者さんが良くて、どの業者さんを避けた方がいいのか、非常にわかりにくいのが問題となっています。

12 いつの時代も開いている銀行はある

ちょうど今は、これまでずっと緩かった融資の情勢が、厳しい方厳しい方へと変わる時期です。

以前のように融資が受けられない・・・そんな嘆きを耳にしますが、私の20年の業界経験から、「いつの時代も開いている銀行はある」と考えています。

ただし、大きくわけて「開いている時代」・・・金融機関がわかりやすく開いており、多くの人が借りやすい時代と、「閉じている時代」・・・基本的に閉じているなかで開いている金融機関もあるという時代があります。

今の状況をいえば「閉じつつある時代」ですが、それならば今開いている金融機関を見つけていくのが現実的です。

具体的にいえば、同じ金融機関であっても、開いているのが特定の支店だったり、ある銀行マンが融資に強かったり、そこに合致する条件も非常に狭かったりします。

そんな状況で、個人投資家さんがやみくもにアタックしても、たどり着くのは難しいでしょう。

では、どうしたらそこにたどり着けるのか？

これに関しては「縁」だと思っています。どこの不動産会社から物件を購入するのかで、使う金融機関も変わります。

そこで、信頼できる不動産会社とのパイプづくりは大切になってきます。そして、その不動産会社からの紹介で融資を使っていくのがもっとも早道です。

しかし、世の中にはいろいろな業者さんがいて、なかには相当に質が悪いところもあるのでそこは注意が必要です。

当社に関していえば、すでに「クリスティから買いたい」「富士企画から買いたい」というお客さんが多くいらっしゃるので、そこは大切にしなければいけないと考えています。

13 絶対に○○スキームは危険!!

最後に一世を風靡した「多法人スキーム」について述べておきます。

「多法人スキーム」は「1物件1銀行スキーム」「複数法人スキーム」などとも呼ばれています。

ご存じのない初心者の方に解説しましょう。

多法人スキームとは、法人を立ち上げて、自分やもしくは家族が社長になります。そして、自分が保証人になって融資を受けます。

それ自体はまったく問題がないのですが、法人の数をたくさん立ち上げて、複数の金融機関から同時に融資を受けていきます。

各金融機関からは、保証人が別の融資を受けていることがわかりません。つまり「多法人スキーム」とは、金融機関に対しての債務隠しなのです。

そのため本人の属性が高い、年収も多く社会的信用のある人にしか使えないテクニックでもあります。

このように金融機関を騙すようなやり方で、短期間の間でどんどん物件を増やしているサラリーマン投資家さんもいます。

当社では社員に対して、「絶対に手を出してはいけない」ように指導しています。

なぜなら、買うこと自体を目的にしてはいけないからですし、「売れるのであれば何をやってもいい！」という考え方では、事業は長く続けられません。

現に「多法人スキーム」については、各行が対策を行っており、ほぼ封じられた状況となりました。

このため、これまで「多法人スキーム」で多くの物件を購入してきたサラリーマン投資家さんが物件を買えなくなっています。

そうした投資家さんへ多くの物件を販売してきた業者も苦しい状況に陥っているようです。

これは純粋な正義感というよりは、こうした特別なやり方が行き詰ったときに、共倒れになりたくないという思いもあります。

なぜ、こう考えるようになったかというと、過去にも数々の銀行が急に融資姿勢を変えたことを経験しているからです。つまり、○○スキームなど、1つのやり方に頼った経営は危険ということです。

第2章

私と不動産業界の歩み

私は20年間不動産投資の世界を歩み、プロの立場で見ています。

今でこそ、不動産会社の経営をしていますが、社会人になったばかりの私は、住宅設備会社の営業マンで不動産投資とは無縁の仕事でした。

しかし、創業したばかりの不動産会社『クリスティ』に入ったところから、人生が大きく変わってきます。

第2章では、そんな私の不動産業界との付き合いからの人生の変化と、20年間に及ぶプロ生活で体験した、その時代ごとの不動産投資トレンドや変化を過去から現在まで振り返りたいと思います。

1 設備屋さんで社会人スタート

１９９１年、私が社会に出て最初に就職したのが住宅設備の会社でした。工務店や、建築屋に給湯器などの住宅設備を卸すのが私の仕事です。

その頃にはもうバブルは崩壊して景気は冷え込んでいました。

そんな状況なので、当然売れている営業、売れていない営業の差が出ていましたが、幸いにも私個人の営業成績は売れている側でした。

住宅設備の営業は、工務店や建築屋のお客さんが現場を抱えていないと需要が発生しないので、既存顧客だけでは限界があります。

そこからさらに売り上げを伸ばしたいと思ったら、新規開拓を頑張るしかありませんでした。

昔からいる先輩たちは、見積もり書などなくても受注が取れる簡単に稼げた時代を知っていました。

先輩たちは、よく「昔は見積もりなんか出さなくて、納品が間に合わないくらい注文があった」とボヤいていました。

バブル後、どんどん冷え込んでいく市況、そして環境の変化についていけなかったのかもしれません。

一方で新人の私はきちんと見積もりを出して、相見積もりを依頼されるような営業にも違和感はありませんでした。

社会人のスタートが不景気まっただ中ということもあり、たとえ世の中の景気が悪くても、ある程度営業力でカバーすることができるという認識なのは、この新人時代があったからかもしれません。

2 創業したての不動産会社に入社

1998年、今から20年前、設備会社の営業マンから不動産会社のクリスティの営業に転職しました。建築業にいた私から見て不動産屋の営業マンが羽振りよく見えた、というのが転職理由の一つです。

当時、設備屋の営業で工務店や不動産屋を回ってみると、不動産屋のほうがバリッとしている人が多いなと感じました。不動産の営業マンは歩合の割合が高いので、稼げる人はすごく稼げているのです。

もう一つの転職理由は、社内異動でゴタゴタがあったからです。

リフォーム部門に異動したところ、元いた部門の売上が落ちてしまい、すぐに戻るように命じられて、会社の都合であちこち行かされるのが面倒に感じたからです。

ちなみに、その設備会社は創業50年。業界では老舗の部類です。客先に行くと「○○（会社名）さん」といつも呼ばれていました。その度に私は、「俺は○○じゃない、新川だ！」と心のなか叫んでいました。

それくらい「新川義忠」という1人の人間として勝負をしたかったのでしょう。

当時は営業マンとして、そこそこ売り上げてはいましたが、それも会社の看板のおかげという部分もあります。

そこで、自分の実力が試せるように、創業したばかりの新しい会社を探していました。そうして、たまたま偶然、埼玉にできたばかりの不動産会社『クリスティ』を見つけたのです。

入社当時から社長に就任するまでのストーリーは前著にて詳しく紹介していますの

で、興味のある方は是非ご一読ください。

3 マイホームも売っていた『クリスティ』

今のクリスティをご存じの方なら、収益物件専門会社のイメージが強いかと思いますが、私の入社当時は、半分くらいは普通の住宅も扱っていました。

広告を打つのも普通の住宅と、アパートなどの投資物件が半々でした。ところが、実際に反応があって契約するのはアパートばかりだったのです。

その理由は、一般住宅を扱う不動産会社は世の中にたくさんありますが、当時はアパートを取り扱う不動産会社がほとんどなかったからです。

今ならインターネットに繋ぐだけで、不動産ポータルサイトから収益物件情報を簡単に手に入れることができます。

しかし、今から20年前はそうもいかず、クリスティの広告は住宅情報誌に掲載していました。１００円や２００円で、書店やコンビニで買える雑誌です。あの時代は雑誌広告と、新聞の折り込み広告が主流だったのです。

また、当時のお客さんは地主さんが多くて、サラリーマンはまずいませんでした。当時のクリスティは、競売物件を買ってきては修繕して、それを市場価格で販売していました。それと併せて仲介もやっていたわけです。

私が入社してから半年ほど経つと、自然と取り扱う物件が収益物件1本になっていました。

当時は収益物件の専門会社は非常に珍しい存在です。都内でもほとんど見当たらないくらいで、埼玉県ともなれば当社以外はどこもやっていなかったと記憶しています。ですから必然的に、営業マン新川としてのライバルは社内にいる先輩だけでした。

4 サラリーマン投資家さんの第一次ブーム

現在は日本にお住まいではないこともあり、最近ではご存じない方も多いかもしれませんが、山田里志さんという元サラリーマン投資家さんがいらっしゃいます。

不動産投資をはじめたのは1995年で、2006年に50歳で会社をリタイヤされています。

サラリーマン投資家さんの走りのような存在で、2003年に発売された『実録・サラリーマンの私にもできた！アパート・マンション経営』(かんき出版）をはじめ、『山田式1円満室術』『山田式元祖勝ち組大家術』（共に、ごま書房新社）など多数の著作を書かれています。

私がクリスティの仕事に慣れて来たころ、2003年くらいに「山田里志さんの本を読んで来ました」というお客さんがよくいらっしゃいました。詳しく聞くと、山田さんが自著にクリスティのことを取り上げてくださったとのことでした。こうした問い合わせが一人、二人でなく、かなりの数があったので印象に残っています。

その頃から、藤山勇司さん、沢孝史さんなど、著名なサラリーマン大家さんが書籍を出し始めています。

藤山勇司さんといえば、サラリーマン投資家さんへ競売不動産を広めた存在です。競売というのは、ローン返済がままならなくなった人が所有する不動産を、裁判所が差し押さえて一番高値で買ってくれる人に売却し、その代金を債務の返済に当てることです。

今でこそメジャーな存在となり、マイホームを競売で手に入れる・・・なんてことも珍しくなくなってきていますし、アパート・マンションを競売で手に入れる投資家さんもいらっしゃいます。

むしろメジャーになりすぎて、価格が高騰してしまうという逆転現象も起こっているほどです。

しかし、当時を振り返ると『クリスティ』もそうでしたが、プロがひしめく世界で、とてもサラリーマン投資家さんが参入できる雰囲気ではありませんでした。

そんな中、競売物件を手に入れて収益化に成功された藤山さんは大したものだと思います。

さて、藤山さんはお勤めされていた商社が倒産、以来、専業大家さんでありながらセミナー講師などをされています。

山田さん同様に2003年『サラリーマンでも大家さんになれる46の秘訣』（実業之日本刊）を上梓し、大家業を進める傍ら、不動産投資に関する著述業もされています。

〝元サラリーマン大家さん〟の肩書で著作を書かれている方はたくさんいらっしゃいますが、藤山さんがもっとも多くの書籍を書いているのではないでしょうか。

同じころから活躍されているサラリーマン投資家さんといえば、静岡に住む沢孝史さんも有名です。

1991年に脱サラしてコンビニ経営をはじめたものの失敗して半年で廃業。その後、またサラリーマンとして働きながら不動産投資を開始した異色の経歴があります。

かつては中古アパートを中心に買われていましたが、現在ではRC造マンションを土地から仕込んで自らプランニング投資法を行っています。

2004年に出版された『お宝不動産で金持ちになる!』(筑摩書房)が大変な人気となり、沢さんのように中古アパートを購入したいという人も増えました。

私からすると、この3人がいわゆる元祖サラリーマン大家さんたちです。

今のように書店に不動産投資のコーナーがない時代の話です。

この方々の書籍はこれまで不動産投資を知らなかったサラリーマン層に響いたのか、こうした書籍を読んだサラリーマンのお客様が増えるようになりました。

5 ボロ物件投資から、若い世代への波及

その後、彼らの書籍を読んで勉強した世代が不動産投資をはじめます。

それが、投資家けーちゃん（http://toushika-keichan.com/）の通称で親しまれる著名ブロガー、寺尾恵介さんです。

2003年から不動産の勉強を開始して翌年に物件を購入。転勤族という購入が難しい状況ながら、地方銀行を開拓して北陸を中心に買い進めています。

サラリーマンをリタイヤしてからは、個人投資家として活動しながら『満室経営新聞』（http://manshitsu.info/）の編集長やセミナー講師をしています。

近著に『フツーのサラリーマンですが、不動産投資の儲け方を教えてください！』（ぱる出版）があります。ブロガーということもあり、非常に文章が上手な方です。

この投資家けーちゃんと同じ時代には、個性的なサラリーマン投資家ブロガーがいました。

投資家けーちゃんと同年代のコテツさんこと、倉茂徹さん（https://www.apart008.

com/）も元サラリーマン投資家さんで、中古アパートからはじめて、借地の新築アパートなど、次々と新しいことにチャレンジされています。

共著で『絶対に儲かる大家さんになる実践バイブル』（日本実業出版社）を出版されています。

それまでは、不動産投資はサラリーマンであっても、ある程度年収の高い40代、50代が行うものというイメージがありましたが、投資家けーちゃん、コテツさんが登場したあたりから、30代からスタートするケースも増えたように思います。


また、忘れてはいけないのが、女性投資家の存在です。

この頃から徐々に活躍される女性投資家が増えています。

投資家けーちゃん、コテツさんのブログが人気を集めていたころ、四国のうっちゃんこと、内海芳美さんもブログで人気を博していました。

現在では『ひだまり不動産』（http://www.hidamari.bz/）という不動産会社を経営されていますが、当時は会社勤め、子育てをしながら精力的に収益不動産を購入されています。

2005年には共著『家賃収入が月収を超える！』（SBクリエティブ）を上梓、近著には『これから〝おカネ〟を生み出す不動産って？』（ごま書房新社）があります。

うっちゃんの個人投資家時代をはじめ、再生を中心に手掛けた業者になってすぐの時代から、店舗を手掛けたり、団地のような大型ＲＣの再生を行う様子など、投資家としてだけでなく事業者と大きく成長されているのがわかります。


そして、２００７年に健美家コラムニストとして有名な加藤ひろゆきさんが著作を出されました。

映画スターを夢見てハリウッドへ渡ったものの、夢破れて北海道へ戻った経歴があり、これまでのいわゆるサラリーマン大家さんとはまったく違った存在ながら、驚くほど安い価格で貸家やアパートを手に入れるノウハウは、驚きを持ってサラリーマン投資家さんたちに受け入れられました。

著書の中に〝鬼の指値〟という言葉が出ていましたが、加藤ひろゆきさんのおかげで〝指値〟が投資家さんの間でも一般的に使われるようになったように感じます。

『ボロ物件でも高利回り　激安アパート経営』（ダイヤモンド社）、『借金ナシではじめる　激安アパート経営』（ぱる出版）など著作多数。

くわえて、NSX松田こと、松田淳さんが投資家さん自らがDIYを行うことを提案しました。

2010年には『元手3000万円で資産を永遠に増やし続ける方法』（ぱる出版）で著作を出されましたが、マイペースに戸建てを増やしていくスタイルに、憧れを持つサラリーマン投資家さんも多かったようです。この書籍にも『クリスティ』の名が登場しています。

このような形で世の中に不動産投資本が出始め、ブログなどで手軽にサラリーマン投資家さんの活躍が見られるようになると、サラリーマン投資家さんの知識レベルも変わってきました。

それまで本がなかった時代は、私の意見をしっかり聞いてくれていた投資家さんがほとんどでしたが、そのうち「話を聞かない人が増えてきたな」と感じるようになりました（笑）。

よくいえば勉強しているのですが、ほとんどの人が著者の背景や属性を無視して、本に書いてある、表面的なテクニックや条件を鵜呑みにして物件を探している印象を受けました。

今となってはご存じの方も多いですが、「どんな物件が購入できるのか」という視点でいえば、その投資家さんの属性、資産背景、居住地などが影響してきます。

昔は今よりいい物件も多かったのですが、本を盲信し過ぎてなかなか物件を買えない人もいらっしゃいました。

6

物件のトレンドは「平成築」

今ほどではないにしても2005年から2010年にかけては、書籍はもちろん、インターネットの情報も充実してきました。

収益不動産のポータルサイト『健美家』（2004年）『楽待』（2005年）が登場したのもこの頃です。

しかし、営業マンとして私が取り扱っている物件にはさほど変化はありません。

私は不動産業界に入って20年が経ちますが、その間、一貫して投資家さんの物件ニーズは「平成築の物件」でした。

平成元年前後の物件の取引が盛んなのは、この20年間ずっと変わっていないのです。

一昔前なら「平成築」と聞けば新しいイメージを抱きましたが、冷静に考えると築30年にもなる物件です。

しかし、「平成築」という言葉に新しいイメージが残っているのでしょう。

投資家さんは平成築物件が大好きだと書きましたが、間もなく年号が変わります。

今の昭和築の物件が、これまでの大正築の物件の位置付けになるのです。

そうなると昭和の物件が急に売りづらくなるかもしれません。逆に、「安く買えるチャンス！」と捉える人もいるでしょう。

7 「失敗」の爆弾を抱えた投資家さん

最近は、失敗予備軍の投資家さんが増えていると感じます。

そういう人は、地縁も何もない地方に、1億円も2億円もする大型物件を買ってしまった方が多いです。

私は地方投資を否定しませんし、1億円を超える大型物件も否定しません。

ただし深くリサーチもせず、酷い場合は物件を見に行くことすらせず、業者の話だけを鵜呑みにして、低利回りの物件を高金利な銀行で借りてしまったケースでは、大きなリスクを孕んでいると感じています。

今の時点では回っていても、空室が続いたとき、また、そのうち大規模修繕のタイミングが訪れたときに危険水準に陥る可能性があるでしょう。

家賃を高めに見積もっていることも多く、空室を埋めるのにすごく苦労されている話も聞きます。

だからといって、その人が不勉強で悪い物件を買ったかというと、そうでもないのです。

単身向けの狭小ワンルームは避けて、広めの競争力のある部屋を購入されていることもあります。築年数もそれほど古くなく築25年程度が多いです。

私が相談を受けたケースではマイナーな地方都市ではあるものの、駐車場もしっかり揃っており、話を聞く限りは問題がなさそうな物件です。

だからこそ、その人も買ったのでしょうけれど、お客さんがなかなかつかないのです。部屋の状態もキレイなのに、「AD3カ月でも決まらない！」という話です。これは、言ってみれば改善の余地がない物件で、非常にたちが悪いです。

結局のところ、近いエリアのなかに同じような物件が乱立していたようで、供給過多になっているのです。

きちんと調べればわかるものを、気付かずに購入してしまった失敗です。

8 どうしてもダメな物件はある

表面上のスペックが良ければ、高い価格であるのは当然です。

逆に、皆が引くようなボロボロの物件のほうが安く買えます。そのような物件に手を入れて満室稼働させた方が安定しているといったこともあります。

また、複数の物件を所有すれば、その中でも「良い物件・ダメな物件」というのが出てくるものです。

しかし、そのダメ物件が、本当にダメな物件なのかを検証すると、そうではない場合も多いのです。

あくまで、自分のなかで比べると「あまり儲からない」「うまく運営できない」というだけのことなのです。

どれだけ儲かっている会社でも、営業マンに順位付けをしたら、必ず成績の悪い営業マンが生まれるのと同じです。

そのダメな営業マンが会社を辞めても、新しいダメな営業マンが順位付けによって生まれるだけです。

つまり、3~4棟も買えば、1棟くらいダメな物件があるものです。

失敗について述べると誰しも「自分は失敗はしたくない！」と思うものですが、完全な物件は存在しません。

深い傷を負うような失敗は避けるべきですが、ちょっとした失敗はむしろ積んでもいいと思います。

「ダメな物件を買ってしまったな・・・」そう思っている人も多いですが、そこまで深刻にならなくてもよいケースが多いことも覚えておいてください。

9 新築区分業者について

買ってはいけない物件として、よく新築区分マンションが取り上げられますが、新築区分マンションの世界は、私の立場からするとまったく異なる世界で、まずはお客さんの層が全く違います。

これらはお医者さんなどが節税目的で買っています。節税がしたくて買うぶんには、新築区分を持つことは別に間違いでもありません。

お医者さんのような多忙な人になると、毎日、一生懸命に物件をチェックしたり、利回りを計算して買い付けを入れるよりも、もっと楽にやりたいという需要が強いのです。

開業医であれば経営者でもあるので、しっかりした考えの持ち主も多いと思いますが、これが勤務医になると、しかもある程度の年齢が上がった先生は、年収で2、3000万円は稼いでいます。そして、当然ですが払う税金も多くなります。

そういう人にとっては、パッケージ化された区分マンションという節税商品が最適に感じられるのでしょう。

今はマンションを建築するにもワンルーム条例があり、狭小物件をつくることはできません。そのため極端に酷い新築物件というのは存在しません。

東京23区内にある、そこそこ広い物件であれば、最終的に売るに困る・・・ということはないでしょう。儲かるかどうかではなく、破綻するかしないかでいえば、破綻はそう多くないように思えます。

一般的な人がやるべき不動産投資といえば、新築の区分マンション投資は候補にすら挙がりませんが、この「節税目的」というニーズは、私が不動産業界に入った当初から確実に存在しています。


同じ不動産投資業界でも、新築の区分マンションと、中古の世界は全く違います。

中間省略登記が世の中に広がったとき、誰が物件を買っていたのかというと、もともと節税目的で新築区分マンションを買っていたような人たちです。

その物件を売っていた不動産業者が、三為で一棟物件を転売したほうが儲かることに気がついたのです。

そこで新築区分マンションのオーナーに「一棟物件を買って区分の赤字を埋めませんか？」と、猛烈に営業をかけていた時代がありました。2013年くらいの話です。

彼らが狙うお客さんというのが、赤字物件を抱えている人たちです。それらの人に対して、「アパートを買えば収支がプラスになりますよ！」と誘って、片っ端から物件を売っていたのです。

最近になり融資が引き締まり、商売に行き詰った三為業者のなかには、「これからは、堅実（？）な新築区分マンション販売に戻ります」なんていう人もいます。堅実かどうかは別として商売替えを余儀なくされているようです。

彼らからすると、濡れ手に粟で儲かる三為の味を知ってしまうと、今さら仲介なんて手間がかかって儲からない仕事はできないと言います。

10 大家塾・コンサルタントは必要か

すでに10年以上前から、不動産投資を学ぶためのコミュニティや大家塾はありました。そして、不動産投資コンサルタントもいました。

昔は珍しかったのが、今はたくさんの数があり、こうしたところで学ぶのが当然という風潮もあります。

私は仲間作りのための大家コミュニティや大家塾には、積極的に参加をした方がよいと考えますが、何十万円もかかるような不動産投資塾に自ら進んで入会するような人、不動産投資コンサルタントに依存する人に対して忠告をしたいです。

このような人には弱気なタイプが多いような印象を受けます。自分の意志を出すのが苦手な、学校のクラスの中で例えると、真面目で大人しい人たちではないでしょうか。真面目に勉強をしてきたからこそ、「勉強をすれば確実に成功する！」と考えているのかもしれません。

でも、実際にはこうした塾やコンサルから、グレーな裏技を駆使したようなやり方で、割高な物件を購入されているケースが多いように感じます。

仮に、当社のような仲介会社に相談が来たら、相談だけでお金を取るようなことはしませんし、望まない物件を無理やり売りつけることもありません。

どうも世間一般のイメージとしては、「不動産会社は酷い！ それに比べてコンサルのほうがマシだ！」と思われている方が多いらしく、それで彼らの毒牙にかかってしまうこともあると思います。

前著にも書きましたが、コンサルタントには元サラリーマン投資家も多く、サラリーマン投資家さんからすると親近感を抱きやすいのでしょう。

でも、コンサルタントをして業者に紹介するたびに、「紹介バック」といって金銭を得ている人も多く、本当にその人を思って業者を紹介しているのか。紹介バックを得るためにその人を紹介しているのか・・・。

そのあげくに買わされているのが、○○スキームでオーバーローン物件となると、「騙された」とまではいいませんが、いいようにカモにされているように見えます。

もちろん、すべての三為業者が悪い業者ではないように、すべての不動産投資塾や不動産投資コンサルタントが悪いとはいえません。いいところもあれば、悪いところもあるという話です。

勉強するのは良いですが、「誰から学ぶか。何を学ぶか」は大切だと思います。

第3章

「投資歴3年・5年・10年」時代を超えても成功し続ける10人の成功大家さん紹介！

第3章は、実際に不動産投資で成功した10人の投資家さんの事例をご紹介します。

成功事例といっても何十億円も資産を築いた、利回り20～30％の物件を買っている・・・といった、いわゆる武勇伝ではありません。

ここに登場される方はとくに有名な方ではありませんし、年収や立場もその方によって違います。購入基準もその方によって変わります。

また大きなポイントとして、投資スタートのタイミングを3年・5年・10年とバリエーションをもたせています。その時々の市況によって買う物件も変わることを知ってください。

また何をもってして成功とするかは、ご本人の望むゴールに向かって動けていることとしています。成功の形が様々であることも知っていただけたら幸いです。

成功大家さん事例① 投資歴3年／S・Kさん 20代・会社員

【3棟目】 2018年　木造戸建て（築30年）※1棟目、2棟目は他社さんで購入
エリア：千葉県いすみ市／購入金額：230万円／利回り：18％／
キャッシュフロー：月額3・5万円／融資：現金

S・Kさんは20代のサラリーマンで戸建て投資をされています。

趣味はサーフィンということで、公私共々仲良くさせていただいています。

1棟目、2棟目は他社さんで購入されていますが、いずれも海から近くにあるサーファー向けの物件です。

サーファーというものは波があれば乗りたくなるもので、都心に住んでいたとしてもかなり頻繁に海に通います。

その際にサーフボードを毎回持っていくのは大変で、シャワーを浴びたり休憩をしたり、週末には泊まることもできるセカンドハウスの需要があります。

S・Kさん自身もサーファーということで、そうしたニーズのあるサーフスポットについても熟知していました。

そうして、サーファー需要のある物件を格安で購入するスタイルで3年前から投資をスタートさせています。

そんなＳ・Ｋさんに、サーフスポットの海から徒歩圏の戸建てを、２３０万円でお譲りしました。これは縁あって当社で預かった物件でした。

当然、そこまで安いのには理由があります。非常にボロい物件で、残置物も満載でした。

売主は物件近くに住む73歳のおばあちゃんで、相続で引き継いだ物件です。施設に入ることになり、古家をもてあましている状態でした。また、施設に入所するにあたり、少しでいいからまとまった現金が欲しいというお考えでした。

そのような物件を、たまたま会社に顔を出したサーファー仲間にお譲りしたのです。このようなケースはそうそうありませんが、当社にこまめに顔を出していると、まれにこうした幸運があるかもしれません。

この物件はそのまま貸し出すことはできません。内装リフォームが必要となりますが、これからどのようなサーファーハウスとして生まれ変わるのか、私も楽しみにしています。

成功大家さん事例② 投資歴3年／K・Fさん 30代・団体職員

【1棟目】 2015年 木造アパート（築30年）
エリア：千葉県旭市／購入金額：2000万円／利回り：14・5％／
キャッシュフロー：月額13・5万円／融資：公庫

【2棟目】 2015年 軽鉄アパート（築33年）
エリア：千葉市緑区／購入金額：2500万円／利回り：10％／
キャッシュフロー：月額9・4万円／融資：地方銀行

【3棟目】 2017年 木造アパート（築30年）
エリア：静岡県静岡市／購入金額：2800万円／利回り：11％／
キャッシュフロー：月額14万円／融資：地方銀行

【4棟目】 2017年 RC重量鉄骨アパート（築26年）
エリア：神奈川県川崎市／購入金額：3900万円／利回り：11％／
キャッシュフロー：月額18万円／融資：地方銀行

35歳で都内23区に住んでいる団体職員です。最初に買われたのが2015年です。この方は年収690万円、当時は自己資金が500万円くらいでした。既に住宅ローンを組んでいて、葛飾区の帝釈天から徒歩5分のところにワンルームマンションを買っています。

それを今なら高く売れるから、最初は「売却した上で不動産投資をするのがいいですか?」という相談でした。しかし、その内容を聞くうちに売却をしなくても公庫でいけそうだと判断しました。

それでも金額的に大きい物件は無理なので、2000万円以下の物件を探すことになりました。

そこで1棟目は千葉県旭市にある2000万円の木造アパートを、日本政策金融公庫をつかって購入されました。

築30年で2DK×6世帯で駐車場は数台分しかありませんが、管理会社が優秀で入居は9割以上稼働しています。駅からは徒歩5~6分です。

利回りは14・5%あります。その当時、2015年の市況では滅多に出ない好条件でした。どのような動きかといえば、ブツ元に問合せをして「まだありますよ」と言われたのですが、その日は平日でしかも台風による大雨だったのです。

Bさんは「翌日に行こう」と言っていったのですが、「今すぐ見に行きましょう！」と説得し、夜8時に現地で待ち合わせをして嵐の中、物件を見てもらって買付を入れたので買えました。

ちなみに急の案件であれば、現地を見ないで買付を入れても良いと考えますが、始めて買う人だったので現地にお連れしました。

それから半年後に2棟目を購入されました。今度は某地方銀行を使って、千葉市の外れの緑区の築古物件です。築33～34年の大手メーカー製の軽量鉄骨アパート4世帯。それは土地の評価が高い物件で利回りは10％です。

ご自身もあまり大きい投資をしたくないタイプで「小さな物件を買っていきたい」という人でした。ただ、利回りは15％以上で求めていたのですが、10％を買ってもらいました。

やはり場所がネックになりました。駅からの距離も17分と近くはないのですが、周りに買い物をする環境が揃っており便利でした。

最初の物件もそうですが、当時の売主が手をかけている物件でした。

最初の旭市の物件は、売主がサイディングを替えていました。この2棟目の物件も外壁修繕を施しており、時間は経っていたのですがキレイな状態です。

空いている部屋もかなりリフォームされており入居付けしやすそうでした。

また、土地値が7割くらいあり評価が出ています。某地方銀行であれば10％でも長期間のローンを組めます。今度は利回りではなく、返済比率のほうに切り替えてもらって、それほど悪くないので決めてもらいました。


3棟目は2017年3月くらいに買ってもらっています。静岡県静岡市にある木造アパートです。その半年後、4棟目を2017年8月に、また同じ地方銀行で今度は川崎で買ってもらいました。

川崎の物件は築26年になる木造アパートで1ルーム×6世帯、坂を登ったところにある物件です。川崎といえば利回りは低いのですが4／6しか入居していません。

もともと高い値段で出ていたのが、仲よくなった業者さんが受けている物件で、内々で「この金額まで下がりますよ！」という金額では約11％でしたので、これも紹介して一度断られています。

その理由として、当初は地方銀行で想定していた期間が短く見積もっていたため、キャッシュフローが出ないと判断されたからです。断られた後にもいろいろと紹介しました。

例えば、土地値が出ていて利回りが少し足りない物件を紹介したのですが、やはり入居が付けづらそうという理由で、お客さんも川崎で11％あればいいだろうと思い返したようです。

それで地方銀行に確認をしたら、期間が思ったより延びそうで、キャッシュフローも出るという話になりました。

私が地方銀行へ突っ込んで話を聞くと、金利は上がるけれど期間は5年延ばせるというので、それが決め手となりました。

地方銀行からはもう限度額はいっぱいと言われていたので、「次は公庫で！」と話はしています。これから公庫に合致する物件とは、2000万円未満です。やはり1棟目が公庫でしたので、1棟目に近いような利回りを狙っています。

この方は常に物件をインターネットで見ている人で、相場に関しては熟知されています。

融資が厳しくなってくる中で、利回りの高い物件が出てくればいいなという感じです。そのためには次は頭金を1割くらい入れるのもいいかなという考えです。

不動産投資を3年やってきて、現在のキャッシュフローはトータルで半分くらいになるような買い方をしています。

今は家賃年収が700万円になっているので、350万円くらい残っている状況です。飯岡市だけ1室空いており、他は全て埋まっていました。ほぼ満室で、借金7000万円で手残りが350万円です。

成功大家さん事例③ 投資歴3年／F・Gさん 30代・会社員

【1棟目】 2015年　重量鉄骨（築22年）
エリア：東京都江東区／購入金額：8800万円／利回り：7・92％／キャッシュフロー：月額16万円／融資：地方銀行

【2棟目】 2016年　アパート（築30年）
属性：サラリーマン／エリア：埼玉県さいたま市／購入金額：8500万円／利回り：9・32％／キャッシュフロー：月額32万円／融資：地方銀行

【3棟目】 2017年　軽量鉄骨（築20年）
エリア：東京都八王子市／購入金額：／利回り：8・01％／

キャッシュフロー：月額34万円／融資：地方銀行

【4棟目】 2018年 アパート（築23年）

エリア：千葉県柏市／購入金額：7000万円／利回り：9・62％／キャッシュフロー：月額28円／融資：地方銀行

東京都にお住まいのF・Gさんは大手不動産会社に勤める30代のサラリーマン。商業ビルなどの都市開発を手掛けており年収は1200万円です。

不動産投資を2015年からスタートされ、現在の投資規模はおよそ6億円に達しました。F・Gさんとのお付き合いは、ごく普通に物件の問合せをいただいたことによりスタートしました。

F・Gさんからの要望は、地方銀行に当てはまる物件で1都3県がいいとのことでした。購入された物件は、買付がたくさん入る人気物件でしたが、もっとも早く金融機関の融資承認が取れたこともあり購入できました。

間取りは単身＋ファミリーの混合で、最初から満室です。エレベーターは付いておらず、そのおかげでランニングコストがあまりかかりません。購入後も問題なく満室稼働しています。

F・Gさんは、現地を見て買付を入れるタイプの投資家です。長期保有を前提としているため、そのエリアの将来性を慎重に調査されますが、それは本職お手の物。条件に見合った物件が出ると買付を入れて、契約前に現地へ見に行っています。

1棟目を地方銀行で購入していたのですが、次は別の地方銀行で買うことにしました。本来であれば1棟目に使った地方銀行でもう1棟を買いたかったのですが、土地値を重視されているので、土地値が出て地方銀行にはまる物件は少なかったのです。そうこうするうちに別の地方銀行向けの物件が出てきました。

ところがこれは土地評価が高く売価を上回っている状況ということで、物件買付が殺到していました。

じつは、当社の別の営業マンが担当していた物件でした。先に別の投資家で買付を入れていたのですが、ローン審査が通らなかったのです。

他社からも買付が入っていたのですが、幸いにも、元々の営業が交渉をしていたため、物件をグリップできていたのです。そのため、F・Gさんに順番がまわってきました。

間取りはファミリータイプで駅近ではありませんが、とにかく土地がゆったりと広いのがポイントです。入居に関していえば、一度入れ替わりがあったものの、すぐに埋まって現在も満室稼働中です。

Ｆ・Ｇさんからすると土地値があって、将来性もある場所なので条件を満たしてくれた物件だったそうです。

３棟目は自社物件です。土地値で探していたところ、この八王子が該当したのです。路線価と売価がほぼ同じで、土地が３００坪と広く三方道路です。ファミリータイプ・土地値があるのでＦ・Ｇさんのご希望に添えることができ、融資期間も35年で組めました。

４棟目は債権処理に強い不動産会社からの情報でした。不動産会社であっても、融資には強くないため投資家さんへ販売する術を持っていないのです。

前オーナーは事業者で任売物件を安く買っていたそうです。キレイにリフォーム済だったのですが、その事業者が本業面で資金が必要となり、急きょ売り出したのです。

土地値が出る物件でしたが場所は千葉県の柏市です。最初、千葉県の柏と聞いて、Ｆ・Ｇさんは「どう思うかな？」と迷ったのですが、物件のエリアは商業施設が増えてきている町でした。現地に足を運んでみると街並みがキレイで、すぐ気に入ってもらえました。

この時、地方銀行の枠は3億円で使い切りたいご要望がありました。実際にはさらに枠が増えているので、これからも新しい物件を買っていけます。ちなみにF・Gさんは他社でも物件を買っているため、投資規模は5億円を超えており、すでにキャッシュフローが月200万円を超えています。

成功大家さん事例④ 投資歴3年/Y・Sさん 40代・大手印刷会社

【1棟目】 2016年7月 軽量鉄骨アパート（築30年）
エリア：栃木県小山市/購入金額：2800万円/利回り：13%/
キャッシュフロー：月額17・6万円/融資：地方銀行

【2棟目】 2016年12月 木造アパート（築25年）
エリア：静岡県三島市/購入金額：3650万円/利回り：11%/
キャッシュフロー：月額18・1万円/融資：地方銀行

【3棟目】2017年5月　重量鉄骨アパート（築20年）
エリア：群馬県伊勢崎市／購入金額：2800万円／利回り：11％／
キャッシュフロー：月額12・1万円／融資：公庫
【4棟目】2018年4月　木造アパート（築28年）
エリア：静岡県磐田市／購入金額：2850万円／利回り：10％／
キャッシュフロー：月額11・8万円／融資：地方銀行
【5棟目】2018年4月　軽量鉄骨アパート（築30年）
エリア：埼玉県上尾市／購入金額：3500万円／利回り：10％／
キャッシュフロー：月額14・2万円／融資：地方銀行

もともと、この方は10年くらい前からのお客さんで、年齢は40歳です。

勤め先は大手印刷社で属性もよく、年収が1000万円ほどありました。

少しカードを借りていたようです。おまとめローンにできるという話で、全くキャッシュフローの出ない新築ワンルームを3戸買っています。1998年頃の話です。

そこから不動産投資をしたいと考えたようですが、仕事が忙しくて10年以上放ったらかしにしていました。

たまたま銀行が主催する当社のセミナーに参加されました。そのときに物件を紹介して、3日後に面談に来ていただきました。

その紹介した物件を翌日に見に行かれて買い付けを入れ、1週間後には契約をしています。

その人が買おうと思った決め手ですが、およそ2800万円ですが、ほぼ路線価でした。利回りが13％のダイワハウスで築30年くらいの物件です。ファミリータイプの2DK×6世帯を買ってもらいました。1棟目は2016年の7月に買っています。

この融資は当初接道の関係で公庫から評価を出せないと言われました。

それで急遽、地方銀行に相談すると「やれます！」という話になり、融資を引っ張りました。公庫で提案していたよりも好条件でした。

返済比率は45％です。その年の年末、2016年12月に静岡で物件を1棟買ってもらっているのですが、この方は基本的に路線価の出る物件を買っています。

使える地銀が積算評価を重視するため、ご本人はあまり意識されていなかったようですが、2棟目、3棟目でもかなりの積算で買っています。

3棟目の物件は三島駅からほど近くにあり、利便性のよい立地にあります。いわゆる中間省略の物件だったのですが、路線価が売買価格以上あり、利回りも出ていました。後ろには崖がありましたが稼働がよく、利回りが11％とよく出ます。

3棟目は2017年5月、群馬県伊勢崎市の築20年の重鉄鉄骨アパートを、新設した法人で買いました。

2800万円で利回り12％です。融資は公庫です。これは土地値ではなく、重鉄鉄骨アパートということで土地と建物で売買価格以上の積算表がでました。

しかも耐用年数20年が厳しいと言われているなかで、期間20年で借りられました。やはり北関東は物件が出やすいエリアです。それだけ北関東はライバルも多いですが、物件が出ているので買えている人は買えます。

4棟目は静岡県磐田市の2LDK×6世帯の土地値物件で利回りは10％です。1991年くらいに建てられたので築27～28年になります。

これは地方銀行で融資を組みました。なぜこの物件なのかというと、以前なら静岡東部周辺で場所もよいところを買ってもらっていたのですが、今回はたまたま親戚が浜松市に住んでいたので地縁があり、ご紹介するとピンと来たそうです。

磐田市で利回り10％は低いのですが、外壁塗装済みで、しかも2LDKという間取りのため競争力があります。土地も広く地理に明るかったこと、そして融資が付けられることで決断されました。

この物件は売買のタイミングで測量を入れました。売買が終わってから測量の結果が上がってきたのですが、謄本よりも土地が広くなっており、結果的に土地値以下の物件になりました。このケースのように地方では謄本よりも土地が広いことがあります。

ただし、更正登記はかけていないから固定資産税はそのままで、謄本が変わらないので、銀行の評価も変わりません。登記をしていないから税金も変わりませんし、評価も変わりませんが、含み益的なものということです。

このケースは登記をし直せば税金は上がりますが、積算も出るので、買った値段で売っても積算以下の物件ということがアピールできます。お客さんもとても喜んでおられました。

5棟目は2018年4月に埼玉県上尾市で買ってもらいました。

上尾市は大宮の北にあります。築年数や利回りを聞いてもピンとこないけれど、実際に足を運んでみたところ、区画整理が行き届いていました。

それも地方銀行で融資を組みました。

地方銀行はこの当時から閉まっていますが、ほぼ路線価ということで評価がでました。これは私が4年前に仲介した物件でした。売主さんは元の買主さんですが、「どうしても売りたい！」と望まれたのです。

売主さんは10年以上も不動産投資をやっていますが、独立をして自分で自営業をスタートさせるため、売却したお金をその運転資金にしたかったのです。

利回りは10％です。築30年の軽量鉄骨アパートで、3DK×6世帯です。入居率は6／5で、それまでの稼働率は悪かったようです。

買ってもらってから半分空きまで落ちました。最初は「半分空きの状態で売りたい」と相談されたのですが、「それでは買い叩かれてしまいますよ！」と説得しました。管理会社を変えてもらい、入居が改善したので売りに出したのです。

稼働率が悪かった原因は、ブツ元の地場の業者さんに管理をそのままお願いしていたからです。オーナーさんの自宅が神奈川で遠かったため、チェックもできておらず、あまりリフォームにお金をかけていませんでした。

かなり家賃を下げて入居付けしていたので、家賃を多少は上げられる可能性があります。つまり積算と家賃のアップが見込めるということです。

物件自体はとくに見栄えも良くなく積算が出るくらいです。それでも最初に買ってもらったとき「いい場所だな！」と好印象でした。

成功大家さん事例⑤ 投資歴5年／N・Rさん 30代・外資系会社員

【1棟目】 2015年　軽量鉄骨アパート（築16年）
エリア：千葉県東金市／購入金額：6400万円／利回り：9・14％／
キャッシュフロー：月額20万円／融資：地方銀行

【2棟目】 2016年　重量鉄骨（築30年）
エリア：山梨県甲府市／購入金額：約8000万円／利回り：10・76％／
キャッシュフロー：月額30万円／融資：地方銀行

【3棟目】 2017年　木造アパート（築25年）
エリア：東京都あきる野市／購入金額：3300万円／利回り：10％／
キャッシュフロー：月額10万円強／融資：地方銀行

千葉在住のN・Rさんは39歳、外資系サラリーマンで年収は900万円です。2013

年から戸建て投資をスタートされ、今年で不動産投資歴は5年になります。今の投資規模は約2・5億円です。

当社で開催した地方銀行のセミナーに参加されたご縁で富士企画とのお付き合いが始まりました。

2015年に千葉県東金市の軽量鉄骨アパートを買っていただきました。

土地が広く、両面道路になっているから評価もそこそこあります。整形地で分筆がしやすく、後に実需向けへ分譲して売却できます。

ここはファミリー向けの間取りで、1世帯あたり2台分の駐車場が確保されているのが賃貸募集において強みになりました。この時点で10世帯中、1部屋だけ空室でした。

千葉の郊外なのでファミリー物件を望んだこと、地方銀行を使いたいということがぴったり合致したのです。

比較的に築年数が新しく、ハウスメーカー施工なので建物もしっかりしています。

人気の住宅地にあり、土地勘がある人からすれば住みよい場所です。この翌年には他社からノンバンクで1棟を購入しました。

当社での2棟目を最初は千葉県で探していたのですがなかなか見つからず、候補地の範囲を広げたところ見つかったのが山梨県甲府市です。甲府市は観光都市であるにも関わらず人口が多くありません。ただし競合する物件も少ないのです。

この物件は銀行からの紹介で、すでに銀行評価が済んでいました。顧客を持たない地元の業者から地銀に相談しているケースで、地銀が投資家をかかえている我々のような仲介業者に情報を出すケースはわりとよくあることです。

まだ1棟目に使った地方銀行の枠が空いていたのですが、金融機関からの紹介ということで地方銀行になりました。

担当営業は以前、全国を対象に区分マンションのブッ上げをしていたのでわかるのですが、エリアによっては供給過多でも、山梨県全体を見渡すと物件が少ないのです。お客さんも最初のうちは不安でしたが、ポータルサイトの『見える！　賃貸経営』などでリサーチかけていくうちに、「思っていたよりもいい！」と確信を持たれ、現地を見ずして購入しました。

もっとも満室なので中を見ることはできないのですが、この決断するスピードが幸いしています。金利は4・5％の32年で、月々30万円のキャッシュフローがあります。

長期の融資を引くことができて安定的なキャッシュフローが得られるようになりました。建物の状態に問題もなく、すぐに修繕が必要な状況でもありませんでした。

3棟目は積算が出る物件、土地値に近い物件という条件で探していたら、東京のあきる野市に理想的な物件がありました。間取りは3DK×4室のファミリータイプで満室です。駅からは遠いのですが、バス停がすぐそばにあります。駐車場も世帯分が確保されていました。

今度は別の地銀で買いたいと希望されましたので、融資の組み立てをご提案し、お客さんが買っていきやすいように沿った形となりました。これらは全て個人での購入です。

3棟目のポイントは土地値と利回りが10％強あること。それに加えて融資期間も30年以上とれました。

2年間でキャッシュフローが月60万円強となり、他社で購入された物件も足すと100万円越えになります。極力現金を温存しながらの購入で、現在も物件を探していらっしゃいます。

今はサラリーマン系の銀行が多いため、信金の開拓と公庫を検討しています。

法人としては資産管理法人を設立されており、今後は法人として信金と取り組んでいきたいと検討中です。

これまでに30件ほど買付を入れて、契約までに進んだのは5件、うち2件が解約となり、結果的に購入できたのが3件です。

成功大家さん事例⑥ 投資歴5年／R・Hさん 40代・システムエンジニア

【1棟目】 2013年 木造アパート（築30年）
エリア：エリア：千葉県松戸市／購入金額：3800万円／利回り：16％／
キャッシュフロー：月額25・8万円／融資：公庫
【2棟目】 2015年 重量鉄骨アパート（築13年）
エリア：千葉県松戸市／購入金額：7000万円／利回り：9％／
キャッシュフロー：月額20・8万円／融資：地方銀行
【3棟目】 2015年 木造アパート（築48年）
エリア：東京都多摩市／購入金額：4500万円／利回り：14％／
キャッシュフロー：月額30・8万円／融資：ノンバンク1万円／融資：公庫

【4棟目】2016年　木造アパート2棟一括（築21年）
エリア：茨城県鹿島市／購入金額：6300万円／利回り：15％／
キャッシュフロー：月額52・5万円／融資：ノンバンク
【5棟目】2018年8月　木造アパート（築26年）
エリア：千葉県旭市／購入金額：5000万円／利回り：15％／
キャッシュフロー：月額41・6万円／融資：ノンバンク

その方は45歳くらいの大手企業のシステムエンジニアで、年収は約900万円です。

5年前、横須賀の物件のお問合せをいただきました。そのときは、階段がかなり奥まったところでしたから「少し厳しいかもしれないですね。またいい物件を紹介します！」というところからお付き合いがスタートしました。

この方が1棟目を買ったのは2013年で、当時は市況的にまだ安い物件もありました。

3800万円で16％くらいです。場所は千葉県松戸市にある木造アパートで1988年築で16世帯あり、そのうち4世帯ほど空室で、かなり古びていました。

公庫がよく出してくれるタイミングで、期間20年で借りられましたが、リフォーム代まで引けませんでした。

そこでリフォームは自己資金でやり、買ってから半年で満室にされています。満室になった理由は、もともと物件力があったからです。

当初は引継ぎの管理会社に任せていたのですが、この物件は2棟が連立して建っており、隣りの物件が満室だったのです。しかし、こちらの物件は修繕がされておらず、見た目が悪く空室が4室あったので、隣りと同じ管理会社にしてもらいました。すると客付けも強くなったのです。

1棟目で満室にできたのが経験値となり、投資への不安が消えた感じです。今年の3月は一度に8室も空いてしまいましたが、今は5室埋めまってあと3室です。オーナーにパワーがあるし、管理会社も頑張っていると思います。

2棟目は2015年に購入しています。千葉県松戸市の北小金（きたこがね）駅から徒歩8～10分です。2005年築でワンルーム×9世帯、崖地にある少し特殊な物件ですが、地方銀行で融資を組んでもらいました。利回りは約9％です。

変わった間取りで1階と2階、3階が違います。

よくある1階のコンクリートの駐車場に、2階、3階がアパートなのですが、1階を2期工事でオーナーの住居にしていました。

いわゆる違法建築物件なのですが、容積オーバーではなく再建築も可能ということで地方銀行が評価を出しました。

この物件を買った決め手はやはり駅近・築浅・利回りが高いからです。松戸ということもあり、その管理会社と同じ管理会社にお願いしました。築浅なので最初から満室で稼働はよかったです。


3棟目は東京都多摩市のご自宅のすぐ近くで、これも少し特殊なのですが、1970年築の物件を買ってもらいました。

それも土地が200坪くらいあったのですが、路線価と同じ土地値で買えたので安かったです。ただし1部屋で自殺がありました。

建てられた当初は接道がなく違法建築のような物件でした。

接道がなかった関係で、1993年に柱を残して新築のようにリフォームしていたのです。そのため1970年築にもかかわらず新しい物件だったのですが、そこに区画整理が起きて接道ができました。

しかし、謄本上では1970年築ですから融資が引ける銀行がなく、ノンバンクで、自宅の残債を減らしていたので、自宅共担でやってもらいました。利回りは約14％で買ってもらいました。

今のオーナーさんは近所に住んでいた方ですが、14室中、そのうち7室が空いていました。部屋の中を見たら、とても広い間取りなので「客付けできる！」と確信し、買ってもらったらすぐ満室になりました。

それまで埋められなかったのは、前オーナーさんが老夫婦だったので、リフォームの仕方もわからず長らく放置していたためです。

現オーナーになって半年くらいで満室になりました。なにより間取りがとてもよく、30平米以上はある大型ワンルームです。

現オーナーもそのような物件は得意とされていました。空室があっても「利回りがよければ問題ない！」というタイプです。

4棟目も再びノンバンクで融資を引き、茨城県鹿島市の2棟建てが指値で買えました。ほぼ満室の2棟一括で約15％です。

2016年といえば、不動産ブームが過熱して物件価格も高騰している時期ですが、そんなときに利回り15%もあるのは、この物件が海沿いに建っているからです。さすがに融資がつかず地方銀行も使えません。

何よりその物件は茨城の地元の不動産会社から情報をもらった裏物（うらぶつ）で市場には出回っていませんでした。裏物とは内々で売られている物件のことです。

私もこの業界で長くやっているので、お付き合いのある不動産会社から、こうした物件情報をいただくことがあります。

鹿島の半年後の2018年8月です。1992年築のファミリータイプで2棟建てです。利回りは15%で売れました。5000万円です。

これも利回りは高いですが、資産価値はあまりない物件です。

まずダメもとでノンバンクに融資を打診しました。こちらで鹿島の物件と自宅で担保設定をしてもらっているのですが、担当者が「旭市の物件も、鹿島と自宅で引けますよ!」となり、フルローンにしました。

やはり決めては高利回りです。入居率はその時点で12世帯中3世帯が空いていましたが、リフォームが行き届いており、ファミリー向けということもあり駐車場もあって、埋まりそうな間取りでした。

これは地元の不動産会社が持っていた物件です。その業者は宅地分譲するため地主さんから土地、資産を買い取りしているのですが、このアパートを安く売りだしていました。

こちらは裏物ではなく市場に出ており、それを素早く手に入れました。

鹿島の物件と同じく高利回りでも、裏から出てくる場合もあれば、市場（レインズ）に出ている場合があるのです。

この方が買えたのは、とにかく早く行動したのが幸いしました。現地を見る前に買付証明を出したのが良かったです。

私はお客さんの好きなツボを心得ているので、「この物件なら○○さんが喜びそうだな！」というのがあり紹介しています。

鹿島と同じように全てファミリータイプで駐車場も全台付いており、入居率もよい物件でした。地方でもそのような埋まりやすい物件を紹介しています。

旭市の物件が5000万円、鹿島が2棟一括で約6300万円で、この方は鹿島の物件から法人で購入されています。

当初、融資金額は評価の上限金額になっており、本来であればもっと資産価値が高い物件であったにもかかわらず、かなり安く評価されてしまったのです。

途中でノンバンクから信用金庫へ借り換えて、自宅の共担を外しています。

また借換えの際、改めてノンバンクへ評価替えの依頼をしたところ、その結果、評価が上回りました。多摩の物件の資産価値が高く余力が出てきています。今度はそれを担保に入れて、同じノンバンクで５０００万円前後の物件を探しているところです。

成功大家さん事例⑦ 投資歴5年／H・Yさん 20代・一部上場

【1棟目】 ２０１５年　木造アパート（築30年）
属性：サラリーマン／エリア：群馬県館林市／購入金額：１８００万円／利回り：16％／キャッシュフロー：月額14・8万円／融資：公庫
【2棟目】 ２０１６年　重量鉄骨アパート（築13年）
エリア：栃木県佐野と小山の中間／購入金額：５４００万円／利回り：11％／キャッシュフロー：月額14・8万円／融資：地方銀行

H・Yさんは大手企業に勤める28歳のサラリーマンで、年収は約500万円です。奥さんも働いており年収400万円くらいです。

そのときでご本人の自己資金は700万円ほどでした。奥さんも預金500万円を持っていたのです。

それが決め手になり、公庫で買ってもらっています。かなりご自身でいろいろ探しており、1棟目は群馬県館林市で約1800万円の物件を買ってもらいました。公庫で「女性、若者／シニア起業家支援資金」を使い、20年で入れていると思います。1989年築の木造アパートで、間取りは2K×6世帯です。

この物件のポイントは利回りが16％だったのですが、入居者全て外国人でした。群馬といえば太田市のブラジル人労働者を思い浮かべますが、人種はもう多国籍です。

そこの元付けの館林の管理会社がずっと管理していたのですが、家賃が手集金で外国人の仲間内では「あの管理会社に行けば物件を紹介してもらえるぞ！」と有名になっています。

ここは女性だけで運営している会社で、入居者さんに対してかなり手厳しく、1日でも滞納しようものなら怒られます。そのような会社が管理をしてくれているので心強く、今はずっと満室です。たとえ部屋が空いたとしても外国人が外国人を呼ぶので満室にしてくれるのです。

館林のアパートに関しては清潔感がなければ入ってくれません。それなりの修繕で入ってくれるような方々が多いようです。このようなケースでは近隣の工場が需要になってきます。

この物件は館林の駅から少し離れたところにあり、6世帯に対して車が3台しか駐車できません。車を所有している方が半分しかいないのか、1台空いているくらいなのですが、どのようにして工場まで通勤しているのかは不明です。

地方で駅からも遠い。駐車場が足りないとなれば致命的です。ただし外人なので、もしかするとバンのような送迎車を利用しているのかもしれません。近くには生活施設もありませんが埋まっています。

その1年後、2棟目は栃木県栃木市岩舟町です。国道55号線で佐野と小山が結ばれていますが、その中間の国道の近くにある田舎の物件です。築13年、築浅の重量鉄骨造です。

地主が大手アパートメーカーで建てた物件で、それが地方銀行の条件にはまりました。利回りは約11%で2004年築のファミリータイプ×12世帯です。

駐車場も全世帯分完備されています。公庫で建て続けに融資を引けなかったのと、自己資金もそれほど持っていないので、地方銀行で借りることになりました。5400万円でしたが、かなり長期で融資が引けました。築年数が10年少ししか経っていなかったので、27年くらいで引っ張っています。

売主の地主さんが物件をそれほど早く手放したのには相続問題があります。A、B、C、D、E棟という5棟建てだったのですが、その内のB棟とC棟を売ったパターンです。

このようなケースではアパートとのサブリースが解除され、一般の管理会社にお願いします。ただし、岩舟はかなりの田舎なので近くに管理会社がなく、今は佐野市の管理会社にお願いしています。

これほどまで田舎の岩舟に需要があるのか疑問に感じられるかもしれませんが満室でした。佐野と小山という両方の市がわりと大きな街のため、そのどちらにも行けるという利便性があるのでしょう。小山や佐野よりも、家賃が安いように思われるかもしれませんが、実はそうでもないのです。

町が小さく、地主さん以外は、わざわざ好んで「アパートを建てよう！」という地域ではありません。アパートが乱立しておらず、物件が限られています。地方でもこのようなエリアがあるのは事実です。

H・Yさんは今3棟目を探しています。高利回りの物件で、また外国人専門のようなアパートがいいと希望されています。

皆さんそうですが、1棟目に吸い込まれる傾向にあります。所有している物件の中で成功事例があれば、やはりそこに寄っていくのでしょう。

もちろん外国人専門にもリスクはあると思います。しかし、逆にいうと、みんなが飛びつく・・・それこそ築浅で安くて立地に恵まれた物件など、買えないであろうことを、最近の投資家は百も承知ですから、何か取るリスクとして「外国人」というのは賢明なのかもしれません。

成功大家さん事例⑧ 投資歴10年／K・Tさん 40代・元会社員

【1棟目】 2008年 RCアパート（築20年）
エリア：東北／購入金額：1億円／利回り：12%／キャッシュフロー：月額50万円／
融資：メガバンク

【2棟目】 2008年 木造アパート（築30年）
属性：サラリーマン／エリア：千葉県柏市／購入金額：2500万円／
利回り：12%／キャッシュフロー：月額15・5万円／融資：地方銀行

【3棟目】 2008年 木造アパート（築28年）
属性：／エリア：千葉県習志野市／購入金額：2800万円／利回り：13%／
キャッシュフロー：月額15・5万円／融資：地方銀行

【4棟目】 2013年 軽量鉄骨アパート（築25年）
エリア：埼玉県熊谷市／購入金額：1400万円／利回り：14%／
キャッシュフロー：月額7・1万円／融資：公庫

K・Tさんはサラリーマンをリタイアして専業大家になった40代の男性です。首都圏と東北でRC物件1棟、木造アパート4棟の計5棟を賃貸経営されており、年間家賃収入は約2500万円です。

K・Tさんが不動産投資をはじめたのは今から10年前の2008年で、当時は年収600万円のサラリーマンでした。

メガバンクのノンリコースローンを利用し、東北で1億円のRC物件を購入されたのが1棟目です。利回り12%、金利1%で約25年という好条件でスタートを切れました。

その後もサラリーマンの属性を活かしながら、千葉県柏市と習志野市で、木造ワンルームのアパート2棟を地方銀行から融資を引いて購入しています。購入後に事故（自殺）がありましたが、この10年間で9割以上まわっています。

4棟目を検討していたところK・Tさんの勤めていた会社がリーマンショック後に倒産しました。その後は派遣社員をしており年収500万円に下がりました。ただ、年収の割に仕事がハードなため、2015年から専業大家の道を選びました。

現在のキャッシュフローは月100万円程度。物件は長期保有する考えで、きちんと修繕をして経営されています。会社を辞めるというと、不動産投資で規模を大きくすることだけを考える投資家さんも多いですが、K・Tさんのように無理なく管理できる複数棟をしっかり運営していくという方法もあります。

成功大家さん事例⑨ 投資歴10年／U・Eさん 40代・フリーター

【1棟目】 2014年4月　RC重量鉄骨アパート（築26年）
エリア：埼玉県白岡市／購入金額：3300万円／利回り：12％／
キャッシュフロー月額17・9万円／融資：公庫
【2棟目】 2014年12月　RC重量鉄骨アパート（築31年）
エリア：神奈川県川崎市／購入金額：4150万円／利回り：10・5％／
キャッシュフロー16・8万円／融資：ノンバンク

U・Eさんにお会いしたのは2014年ですがアルバイト生活をしていました。年齢は50歳くらいですがバックボーンがよかったのです。

ご両親が横浜市でご健在です。元農家で貸地に商業施設が立ち並び地代が入ってくるのです。

貸地の一部をこの方が持っており、それだけで年収が200万円くらいになるそうです。それ以外にも別の土地があり、建物の名義がU・Eさんになっているので家賃収入があります。さらに昔に買った区分マンションからは年間で100万円くらい入ります。

属性的には年収200万円のバイト暮らしでしたが、自己資金は約1000万円もあったのです。

この方には2棟買ってもらっていますが、2棟とも融資が通りました。2014年、先ほどの白岡市の物件を最初に買ってもらったのですが、これも特殊な融資を組んでいます。

買い付けを入れて1番手を取ったのですが、それが月の真ん中くらいで、売主さんが「月内に決済しないと売らない！」と言ってきたのです。

ただし、この方の両親が資産家だと聞いていたので、一時的にお金を借りてもらって、自分の自己資金1000万円と合わせて一度決済しておき、後から公庫で融資を借りる形となりました。

フルローンではなく1000万円くらい頭金を入れて買っています。公庫でキャッシュフロー分と返済を15年で組んでいます。返済が早く、手残りが1000万円くらい残るのため2018年に売却しました。

短期譲渡でしたが1000万円が残りました。それほど大儲けはしていませんが手に残るタイプの物件でした。

2棟目は、同年の2014年12月に川崎で買っています。築31年になる8世帯の木造アパートで、積算も大して出ません。路線価で売価の半分くらいです。4150万円で買ってもらいました。

まだ2014年はそれほど高くない頃で、利回りも10・5%くらいありました。川崎市内ですが、最寄駅から15分くらいで立地はあまりよくありません。しかし、自宅から近いため自主管理ができる点と、売主が業者のためフルリフォームと部屋を間取り変更していて、3点ユニットからバストイレ別に変わっています。8世帯とも空室で、その業者が購入してリノベーションしていたのです。それから満室の状態になり購入しています。自分のほしいエリアに建っていたこと、それに修繕されている点が気に入りました。

融資はノンバンクです。先述の区分マンションを共担に入れて、頭金は500万円ほど入れて買ってもらいました。

この方は2棟買った段階で、キャッシュフローは全て合わせて500～600万円あったと思います。後から買ってキャッシュフローが350万円ほど増えました。

この後、川崎の物件で事故が起きたのですが、家賃を半額にしてすぐ埋めました。同じ築年数で見ると、正直いって相場より家賃は高めに設定してあります。それはリノベーションを施しているからです。築年より家賃が高く取れて安定稼働しています。

U・Eさんと担当営業が知り合ったきっかけは別の物件への問合せでした。フットワークが軽い方で知り合って1週間ですが、案内が終わった後にご飯を食べながら、いろんな話をしたそうです。それで関係性ができました。

なんでも1年前から物件を探していたのですが、営業マンとは会っていなかったそうです。ただ場所だけを聞いて自分で見に行くことの繰り返し。それで買い付けを入れても、ライバルに先を越されて買えない状況でした。

半ば諦めかけていたところ、当社に問合せがあり、「初めて営業マンと会って話をした！」という流れです。物件購入まで何度も物件を見に行ったり、行動されています。

普通なら、「年収200万円です」といえば誰からも相手にされません。しかし、詳しくお話を聞いていくうちに問題がないことがわかりました。

また、その当時使っていた公庫の支店が、年収をそれほど気にしていなかったのです。それよりもお客さんの背景をよく見ていました。

最近、U・Eさんはリフォームの仕事を始めました。これなら自分の物件を自分で手入れできます。このように変わったパターンの成功もあります。

成功大家さん事例⑩ 投資歴10年／E・Tさん 40代・外資系製薬会社

【1棟目】 2006年 RC造マンション（築28年）
エリア：栃木県宇都宮市／購入金額：5600万円／利回り：15％／
キャッシュフロー：月額40・6万円／融資：地方銀行

【2棟目】 2006年 木造アパート（築25年）
エリア：茨城県日立市／購入金額：3000万円／利回り：16％／
キャッシュフロー：月額25万円／融資：地方銀行

【3棟目】 2006年 重量鉄骨アパート（築20年）
エリア：栃木県宇都宮市／購入金額：2300万円／利回り：13％／
キャッシュフロー：月額13・3万円／融資：地方銀行

【4棟目】 2017年 重量鉄骨アパート（築30年）
エリア：埼玉県上尾市／購入金額：7000万円／利回り：9％／
キャッシュフロー：月額25・8万円／融資：地方銀行

【5棟目】 2018年 軽鉄アパート（築16年）
属性：サラリーマン／エリア：栃木県佐野市／購入金額：8000万円／
利回り：9％／キャッシュフロー：月額23・5万円／融資：地方銀行

Ｅ・Ｔさんは、外資系の製薬会社にお勤めでした。もともとは年収が８００〜９００万円くらいあった人で、その時は自宅用の区分マンションを買っていました。かなり繰上げ返済をしていたようです。「投資をしたい！」と当社にこられたのですが、とにかく高利回りがいいということでした。

１棟目が栃木県宇都宮市の１９９０年築のＲＣ造マンションで、５６００万円で利回りが当時で15％くらいでした。ワンルームで23世帯です。

２棟目は茨城県の日立市にある１９９３年築の木造アパートです。利回りが16％ですから、当時でいうとかなり高いです。

３棟目も宇都宮で、今度は１９９８年築の築浅で４世帯の物件で利回りが12〜13％を買ってもらったのです。金額は２３００万円です。

このときは木造物件に積極的な地方銀行を使っており、自己資金もあまり使わずにガンガンいけたのですが、３棟買ってもらった後はしばらくご無沙汰していました。

Ｅ・Ｔさん自身もまだ買えるとは思っておらず、入れ替えもしていません。そのままの状態だったようですが、つい２〜３年前から再びやり取りしはじめました。

今ならかなりいい値段で売れるかもしれないと売却の話も進めています。

融資が厳しいですが、日立市の物件もそれほど大きい物件ではないので利回りを14％くらいにして、公庫かノンバンクあたりを使うことができます。

宇都宮も約12％で1998年築なので、これだけ高利回りで規模が小さければ売れるでしょう。木造で規模が大きい物件になると、今の北関東は厳しいですが、高利回りで小規模だから厳しい状況でも売れるのです。

宇都宮のRC造については、それなりの金額ですが、RCということで紹介ができます。積算ではなく、収益で利回りを10％にするイメージで、9000万円くらいで売れそうだと見込んでいます。


E・Tさんには売り出すのと同時に、昨年に2棟買ってもらっています。4棟目が埼玉県上尾市です。7000万円くらいの1988年築の物件ですが、土地の大きい物件なので資産価値があり、地方銀行からの融資で買ってもらいました。

その2カ月後に栃木県佐野市の物件を買ってもらいました。約8000万円です。これは軽量鉄骨アパートで2002年築。利回りが約9％です。土地が大きい物件です。融資は地方銀行です。

2018年5月にも買おうとしており、こちらも地方銀行です。

今はすごく融資が締まっていますが、合うような物件を紹介しています。融資が厳しくなっている中でも、融資が出るような物件を選んで紹介しています。具体的には積算評価を重視する地方銀行を使うため、資産価値が高い物件を紹介している状況です。

この方の場合は10年前に買っていますから、かなりな高利回りで買っています。その頃に比べると、今は利回りがすごく落ちています。

それに関していえば、昔の数字にこだわっている人に今は買えていません。E・Tさんの場合は、その空白の10年間の間に含み益が出ていることを経験値として持っています。それに、そこからの利益でかなり自己資金も貯まっており、ある程度はこちらを信頼して任せてくれています。

そこで、今ある物件の中で少しいいものを紹介しています。ちなみに、この方の2~3年前に再会した時点で自己資金は、3000万円ほどに増えています。スタート当初の自己資金が1000万円弱ですから今はその3倍です。

儲かるか儲からないかでいえば、この10年に売ったり買ったりするのがもっとも儲かったかもしれません。

E・Tさんの場合は動きを止めていたので、それだけチャンスを逃しているという考え方もありますが、それでも含み益があり、これからも買い進めていけるので成功といえるでしょう。

第4章

新川式不動産投資術
【購入編】

第4章は新川式不動産投資術の購入編です。どんな物件をどのように購入すればよいのかという、物件取得についてがテーマとなります。

常々、申し上げていますが「どんな物件を選ぶべきか」という質問に正解はありません。

ここでは、どのような視点を持って物件を選択すれば成功するのか。購入に関して覚えていただきたい点を解説いたします。まだ物件を1棟も持っていない初心者の方に、是非参考にしていただけたらと思います。

1 勝つための「物件選び」とは？

一口に「不動産投資で勝つ・成功する」といっても、そのパターンは人によって変わるものです。

私は「利回りとキャッシュフローばかりに気を取られていたら全体像を見失いますよ」とよく話します。儲けばかりを考えても、うまくいくとは限らないのです。

それでは結局のところ、どんな物件を選べばよいのでしょうか。

収益不動産といっても種類がいろいろあります。

・商業用賃貸物件（テナント・オフィス）
・住宅用賃貸物件（レジデンス）

大きく分けて、商業用なのか住宅用なのか。また、駐車場など土地のまま貸したり、建物ではなくて商業物件用に土地を貸すようなやり方もあります。

広くいえば、コインランドリーやトランクルーム、貸会議室や民泊なども不動産投資のカテゴリーに入っています。

前著でも申し上げましたが、私自身、不動産投資は住宅用の賃貸物件で行うのが良いと思っています。

商業物件の儲けは大きいですが、浮き沈みが激しいもので、サラリーマンが兼業で行っているような個人投資には向かないように感じます。

コインランドリーやトランクルーム、貸会議室などは少額で行える、また転貸物件でも行えることから、手軽にできる投資として人気を集めているようですが、決して「やってはいけない」と言っているわけではありません。

これらは、いわゆる大家業とは違う種類の事業なので、それを心得て行う分には問題ないでしょう。

具体的にいえば、住宅用の収益不動産を購入する不動産投資とは違って、借りて手軽にはじめられるということはライバルも多くなりますから、誰でも成功するのではなく、やはり事業としてきちんと取り組める方が成功されるのではないかと思うのです。

つまり、「ラクして大儲け」といった類の投資ではないということです。

さて、住宅用の収益不動産に絞っていくと以下のものがあります。

・新築区分マンション
・新築1棟マンション・アパート・ビル
・新築戸建て
・中古区分マンション
・中古1棟マンション・アパート・ビル
・中古戸建て

対象エリアについていえば、自分の住むエリアを基軸とするのか、それとも都心なのか、1都3県まで広げるのか、それとも全国を対象とするのか。それだけでも、随分と変わってきます。

エリアを広げるにしても、出身地や仕事などで地縁のある地域がいいのか、それとも投資指標を重視するのかという選択肢があります。

さらにいえば効率重視でエリアを集中させるのか、それともリスクヘッジでエリアを分散させるのがいいのかといった買い増やし方にも種類があります。

建物の構造も木造から軽量鉄骨、重量鉄骨、RC造、SRC造など種類があり、それぞれ一長一短があります。

物件の価格帯も数百万円のものから数億円する物件もあり幅広いため、簡単に「○○がいい」とは言いにくいのです。

これまでのトレンドでいえば、億を超すようなRC造の1棟マンションを買いたがる投資家さんが多かったのですが、金融庁の引き締め以来、また違った動きがでてきています。

以前よりも、小ぶりな物件、RC造マンションではなくて木造アパートで低価格の物件の価格が下がってきている動きがあります。

2 不動産投資には多くの選択肢がある

不動産投資の手法はたくさんあります。

私たちは中古1棟アパート・マンションを中心に手掛けていますが、だからといって、それがもっとも良いというわけではありません。

セミナーに足を運べば、セミナーごとにオススメしている物件タイプが異なります。あるセミナーでは新築区分マンション、別のセミナーでは新築も木造アパートを押し、そうかと思えば、うちのように中古の一棟物件をオススメする業者もいるでしょう。このように、業者ごとに言うことがバラバラです。

投資家さんたちも同様で、その人によって投資手法は変わります。

小さな戸建てばかりを購入する人、大きなRC造を買い進める人、古い木造アパートを購入する人。不動産投資の初心者からすると、新築のキレイな物件が人気だろうと思われるかもしれませんが、新築は割高だからあえて避ける・・・そんな考え方もあるのです。

結局のところ、自分にはどのやり方が合うのか。それは自分で判断するしかありません。

各社の営業マンは様々なことをいいますが、それは自分たちが扱っている商品を売るためです。心の底から「この物件は良い、オススメだ」と考えている営業マンもいれば、「とにかく売上の数字を上げたい」と考えている営業マンもいます。

繰り返しになりますが、何がいいかは一つではありません。

私自身の意見を申し上げれば、地方高利回りがいいとも思います。しかし、たとえ低利回りでも都心部の安定した運用は捨てがたいという考えもあります。

私はそれを否定しません。これは好みの問題でもあります。

その投資家さんの背景によっても違いますし、何を希望しているのか、将来どうしたいのかによっても全くアドバイスは変わってきます。

求める利回り・構造・立地・物件規模・築年数・・・じつに様々な指標がありますし、どのような融資が受けられるのかも重要です。

融資を使って買い進めていこうという投資家さんであれば、まず自分が使える金融機関はどこなのか。その金融機関はどのような目線で融資を出しているのか。また、その融資を使うためにはどのようにすればいいのかという視点が大事になります。

3 買う判断ができないノウハウハウハウコレクター

不動産投資をはじめるにあたって、最低限の勉強は必要ですが、勉強し過ぎて買えなくなってしまう人がたくさんいます。

せっかく不動産投資に興味を持って学んでいるのに、行動を起こせないのは貴重なチャンスを逃しているように感じてなりません。

おそらく勉強し過ぎで買えなくなる理由には、不動産投資が金銭に直結する「欲の世界」だからではないでしょうか。

誰しも、「この先もっといい物件があるのではないか?」と考えています。欲は限りのないもので、買えたら買えたで「人よりもいい物件が手に入らないものか」と、どんどん新しい欲が出るのです。

一度、購入してから「もっと、もっと」となるのもわかりますが、それを1棟目から求めてしまうと買えなくなってしまう恐れがあります。

なぜなら、完全に理想と一致する物件を1棟目から購入するのは困難だからです。

書籍の中でいうのも何ですが、書籍というものは読んで面白いように表現しなくてはいけません。とくに不動産投資の書籍では堅苦しい数字の話が多くなりがちです。

そこで、読みやすい成功エピソードが散りばめられているケースもあります。

そのため、すべてを包み隠さず開示していないケースもあります。

4 利回り＝儲かるとは限らない

高利回りを自慢する投資家さんも多いものです。もちろん、高い利回りで物件を購入できたのはなりよりですが、その物件に入居がついて高稼働しなくては意味がありません。

また、今入居されている方々が退去したら、家賃がガクンと下がってしまう可能性もあります。それは新築で入居されているケースでは今の相場より1万円以上高いこともあるからです。

もしくは高利回りでも家賃滞納をされたり、問題ばかり起している困った入居者さんだったりする可能性もあります。

高利回りには、高利回りになるだけのそれ相当の理由があるものです。

人から高利回りの自慢話を聞いていると、ついつい、それ以上を求めてしまう傾向にありますが、利回りが高いからといって、儲けているとは限らないのです。

その結果、「高い利回り」にだけこだわってしまい、なかなか買える物件に出会うことができなくなります。

地方にある高利回り物件といえば利回り15％以上は当たり前、価格が安い時代であれば、利回り20％、30％という物件もあります。

それでも、利回り15％以上で完璧な物件はなかなかありません。

自分の条件を満たす高利回り物件情報は絶対にないとは言い切れませんが、おいそれと出てくるものではないのです。

そうかといって10年間も高利回り物件を待っているなど、まさに機会損失です。

その間を1円も得ずに待っているよりも、その10年間で高利回りでなくても運用していれば、そこからキャッシュフローは生まれますし、売却をして、そこで現金が入れば次に進めます。

私がとくにお伝えしたいのは「何も行動しないのが一番もったいない」ということです。

とはいえ、焦って無理やり買うこともありません。今のように融資が引き締めしめられる状況では、金融機関が求める属性や資産背景なども変わってきています。

ないものねだりの高利回りを求めるのもよくないですが、「とにかく欲しい！」とどんな物件でも買える物件なら買ってしまおうというのも乱暴です。

5 根拠のない投資指標を求めない

多くの方は「平成築・利回り10%以上・駅から10分以内」と条件をあげますが、とくに根拠のない数字のように思えます。

利回り10%にこだわって、利回り9・8%の物件を見送ってしまう。3180万円の物件を3000万円で買いたいと希望して断られる・・・そのようなケースもあります。

表向きの数字にこだわるのではなくて、家賃が相場通りなのか、安すぎないか高すぎないかという視点も重要です。たとえば、利回り12%だとしても、入退去があって家賃がキープできず数千円ずつでも下落すれば利回りは10%を切ってしまいます。表向き10%以上であることにこだわるよりは、家賃が適正なのか下落する可能性はあるのかを精査した方が現実的です。

金額を切りよく3000万円で購入することにこだわるのではなくて、今後発生しうる修繕費はどれくらいなのかを考えた方がいいでしょう。

長く入居されている人が多ければ、多いほど転居があった場合に、原状回復費用がかかる恐れがあります。その結果、今の価格よりもっと早く購入したい・・・というのであればともかく、むやみやたらに安く買いたがって指値をする投資家さんもいらっしゃいます。

このように、根拠のない投資指標にこだわれば、チャンスを逃すことにもつながります。

不動産会社という職業のイメージは、世間から決してよく思われていませんが、真面目な人間もたくさんいます。

その不動産会社から言わせてもらえれば、「利回り10％」と要望されたら、その条件に合わないだけで物件を紹介しなくなることもあります。

ですから、条件はなるべく「緩く」伝えておきましょう。

具体的には利回りを10％ではなくて9％に、駅から徒歩10分のところを15分と伝えれば、それだけで物件情報が多くなります。

基準に当てはまらない物件をすべてシャットアウトするのではなく、幅を持たせた中で物件を選んでいく方が、より購入チャンスに恵まれることでしょう。

6 目的に合った物件を選ぶ

大切なのは、どういったゴールを目指しているのかです。

私が不動産投資の相談を受けたときは、必ず「将来的にどうなりたいのか」をお聞きします。もちろん期間も大切です。

同じ属性、同じ資産背景であっても「3年後に月100万円のキャッシュフローを得てリタイヤしたい」と思うのか、「定年退職までに月20~30万円の副収入が目標」では、物件の買い方も大きく変わってくるものです。

その投資家さんの属性から融資が受けられるのは、どのような物件なのかによっても異なります。

目指しているゴールがとても大きいのに、戸建てを現金でコツコツ買っていたら間に合いません。

また、月10万円程度のキャッシュフローを目指している人が、大規模な1棟RCマンションを購入するのも不自然な話です。

投資用の物件といっても種類がありますから、お付き合いしている不動産会社が、投資家さんの求める物件情報を持っていないケースもあります。

扱っている物件とのマッチング関係に加えて、さらに担当となる営業マン個々の性格にも左右されます。

投資家さんとの相性もありますから、担当する営業マンによっても、まったく展開が異なります。

私のケースでいえば、私自身は営業マンではありませんが、ケータイ電話の番号をオープンにしていますから、いろいろな人から問い合わせを受けます。

この場合は、すべて話を聞いてから、当社で相性が合いそうなら営業マンを紹介しています。

話をしてみて、どうも当社と合わないようであれば「他の会社に行ったほうがいいですよ」と素直に伝えます。

投資家さんからしても、気になった不動産会社があれば、一度話を聞いてみることが大切ではないでしょうか。

顔を合わせて話をして、不動産投資に関する意見を交します。

的確なアドバイスができるのか、しっかりとした情報を持っているのか、アパートローンに詳しいのか、管理も引き受けることができるのかなどが見極めのポイントです。

とくに管理を引き受けない会社は、物件を売った後まで気にせず、売り逃げすることもできます（もちろん、すべての会社がそうとは限りません）。

そして「この人なら信用できるな！」という営業マンに出会えたら、その人と歩めばいいでしょう。

7 物件情報を集めるための極意

物件情報を集めるのはインターネットが王道のように思われていますが、結局のところ不動産会社次第です。

営業マンは情報が出たときに、自分のお客さんに連絡をしますが、そこには順番があります。できるだけ、その順位が高くなるように努力しましょう。

ここではいち早く良い情報がまわってくる投資家の条件を解説します。

①数を打ってから絞り込む

数多い不動産会社の中から優秀なパートナーを選ぶのは大事なことですが、その数少ない優秀なパートナーと出会うためには、まず数を打たなければいけません。

その上で、数社に絞り込んでいくのがポイントです。

なぜ数社に絞りこむ必要があるのかといえば、サラリーマンなど本業のある身で、数多くの会社と付き合うのは、想像していた以上にラクではありません。

送られてきた情報に対して、それぞれしっかり向き合う必要があるからです。

営業マンにしても、情報を送ってもレスポンスがない投資家さんや、結論を先送りするタイプの投資家さんは相手にしないでしょう。

物件の情報に対しては極力答えてもらったほうがいいですし、気に入らない点があれば、その理由を伝えてください。

②買える投資家だと認識させる

できれば「最初に情報を送りたい」と思わせるお客さんになりましょう。

営業マンもただ情報をばらまいているわけではありません。とくにクローズ情報と呼ばれる、その不動産会社にしかない情報であれば、「その物件を買える人」であることが条件となり、とくに良い条件の物件、人が殺到するであろう物件の場合には、営業マンも人を選んで情報を伝えるものです。

そうした情報を得るためには、物件の条件を伝えるだけでなく、ご自分の情報も出さなくてはいけません。

とく融資を受けるのであれば、年収をしっかりと伝えることが大切なのです。

当社では「年収はいくらですか？　自己資金はいくらお持ちですか？」と単刀直入にお聞きします。

たしかに、このような個人情報を不動産会社に伝えるのは抵抗があるかもしれません。中には言葉を濁す人もいます。

私は「濁す人は壁がある」＝信用されていないと判断します。

そもそも不動産会社からすると、それに答えてくれないと具体的な話ができません。いくら「○○のような物件が欲しい」と言われても、その人が買える人でなければ、情報を送っても無駄です。そのため、属性、資産背景を伝える必要があるのです。

③自分の情報を出す

確認をしておきたい項目には年収、自己資金、プラスマイナスも含めた金融資産、勤め先・家族構成があります。前述したように、こうした属性と資産背景は融資を使う方であれば必須です。

それから「不動産投資をして、将来どうしたいのか」も伝えましょう。

たとえば40代のサラリーマン投資家さんが「60歳の定年までに月30万円の家賃収入をつくりたい。その段階では借金返済が終わっていたい」というような長期的なプランであれば、ゆっくり気長にやればいいでしょう。

しかし、それが「来年には年収以上のキャッシュフローを得て仕事を辞めたいんだ！」という希望であれば、効率よく投資をしていく必要があります。

もちろん、そのために購入する物件、使う金融機関も変わります。そこで属性・目的を伝えることが大切になります。

④営業マンを一生懸命にさせる

パートナーとして信頼関係を築いていく会社は、「この会社は信じられそうだな」という数社に絞り、「御社だけに相談します！」という姿勢でやられたらいいと思います。そうすれば営業マンも一生懸命にやるものです。

また、前述した通り、1人の営業マンに対してサポートできる顧客は限られています。どうしても数が限定されます。

そして、物件情報がきたときには、営業マンは「この物件は○○さん向きだな」と振り分けていくものです。そして、頼りにしてくださる投資家さん、情報を開示して希望をいってくださる投資家さんを優先して連絡するものです。

これは他社にしても同じ考えであろうと思います。

私は、私の会社を頼りにしてくださる投資家さんを大切にしていきたいと考えています。

⑤すぐ行動する

基本的には、気になる物件であれば、なるべく早く現地まで見に行ってもらうのが理想です。

たとえ夜中の1時であろうとも、「今日は疲れたから見に行かない」というのではなく、「今日は疲れてるけど見に行くぞ！」と行動を起こしてもらえれば、それがダメだった場合は営業マンも「申し訳なかったな」と反省します。

「わざわざこんなに遅く見に行ってもらいすみません。でも次は頑張ります！」と奮闘します。

1回はそのような無駄足だって経験をしたほうがいいのです。すると営業マンは必ずフォローをします。

また、営業マンと仲良くなるために、物件を見に行くときは現地で待ち合わせではなく、営業マンと一緒の車で行かれるといいでしょう。

半日でもいいので、1台の車で物件を見ながら、とりとめのない世間話をするだけでも彼らの記憶に残るものです。

そして、そこからしっかりと物件紹介が始まるのです。

よく、「業者に会いに行ったものの、物件を全く紹介してくれない」と嘆かれる投資家さんがいます。それには何かしら理由があるのです。

自身の情報を開示していない、物件の基準を伝えていない、送られてきた情報を無視する・・・そのようなことはありませんか？

私であれば、「弊社のやり方とはちょっと合わないから他に行かれたほうがいいですね」とお伝えしますが、営業マンはなかなか言えません。

その場合は「いい物件が出たらまた紹介しますね」といって、さりげなく関係を終わらせる・・・それが営業マンの対処の仕方です。

8 指値術・・・ただ値切っても失敗するだけ

物件を見て気に入った段階で「購入申込書」を出します。これは「買付証明書」ともいいます。

法的な拘束力はもちませんが、「この物件を購入したいです」という意思表示です。この段階で、もらっている情報は販売図面程度です。物件に対して疑問や不明な点が数多くあるとは思いますが、ここで得ている情報と自分の目で物件を見て「購入したい」と思えば申込みをしたほうが良いでしょう。

その際の買付の仕方、指値の仕方についてのアドバイスです。多くの投資家さんは、ただ値切っているだけで、上手に指値できているケースは少ないものです。ここでは業者側の立場から解説しますので参考にしてください。

①とにかく早く申込みする

まずは、申込みをしたうえで、その後、疑問点を聞きましょう。買う意思を見せて、はじめて次の動きとなります。

以前は買付の順番が購入の優先順位となっていましたが、今は買付を入れた順よりは、融資のついた順であることが多いです。それでも、いち早く決断をして行動を起こす方がよいと思います。

金額交渉（指値）は、営業マンと相談をしながら行うことをオススメします。

あらかじめ指値されることを前提として値付けをしているケースもありますし、中には残債があるため値段を下げられないというケースもあります。

また、相場より安いお買得物件であれば買付が殺到して、満額どころか買い上がることもあります。そのような状況の中で指値をしてしまえば、買えるチャンスを失ってしまいます。

ですから相場より安い物件は、満額で購入することをオススメします。

しかし、その物件が相場の価格だったとしても、心情的にはみなさん指値をしたいのが本音でしょう。

しかし、その指値の仕方が上手ではなく、売主さんを怒らせるケース、もしくは、指値自体を営業マンが止めてしまっているケースもあるのです。

ですから、営業マンにまずは相談をして、指値するかどうかを決めてください。

②値付けの根拠を分析

指値について、数字だけを見るのではなくて、まずは値付けの根拠を分析しましょう。

というのは、その売買金額がどのように決められているかにもよって指値の可否があるからです。

たとえば、私が売主さんから依頼を受けた営業マンであったとします。

その際に3000万円で売るように依頼されたのであれば、利回りを見ながら「3180万円に設定しておきましょう！」と提案します。

このように、あらかじめ指値部分を乗せて金額設定をしておけば、買主から「この金額に下がりませんか？」と打診されても、話はでき上がっているので問題なく受けることができます。

「でき上がっている話」というのは、すべてのケースではありませんが、売りの依頼を受けたとき、必ずいくらで売りたいのかを聞いておき、「それにプラスしましょう」

ということはよくあることです。

その枠内に収まっている指値であれば大丈夫ですが、そこから逸脱するようなとんでもない指値はまず却下されます。自分が売主の立場だと思えば納得いただけるのではないでしょうか。

③売主側の業者に打診

また、自社で直接物件情報を預かっていたら、詳しい情報を得ることができますが、仲介で関わる場合には状況によって変わります。

その場合、売主側の業者に「交渉の余地はありますか？」と必ず確認をします。

「いや、厳しいですよ」と断られたら本当に難しいのです。

それというのも、売主に残債があり「○○万円以上で売らないと残債が残ってしまう」という事情があれば、駆け引きをする余裕はありません。

逆に、相続税の支払いや事業の資金繰りの悪化で「とにかく現金化したい！」というニーズもあります。その場合であれば、「月末までに決済できるなら、○○万円でもいい」とか「現金で購入なら○○万円まで下げる」などと交渉の余地がありますから、その売主の売却理由によるところが大きいのです。

④やりすぎに注意！

後は、やり過ぎないことにも注意してください。大幅な指値に成功・・・という武勇伝を自慢している投資家さんもいます。

100本買付を入れて、1本でも安く買えればいいのは間違いではありませんが、不動産会社の中では、「あ、またこの人だ！」と噂が流れるものです。

その結果、「この投資家さんの買付は受け付けない」ということもあります。強引な指値で有名にならないよう気をつけられたほうがいいでしょう。

悪い意味で有名になってしまうと、もう二度と相手にされません。安いものを買うためには、そのくらいの強引さがあっていいのかもしれませんが、業者間で有名になり過ぎたら買いにくくなる可能性もあります。

⑤やってはいけないこと

最後にこれは絶対に止めた方がいいこととして「売主さんへの手紙」があります。

これは前著にも書きましたが、手紙そのものが悪いというよりもマニュアルに頼りすぎた姿勢がどうかと思っています。

不動産投資本に書いてあったことで、ある時から手紙を書く人が増えてきました。手紙というのは「物件を大事にしますので、安く売ってください！」という売主さんへのメッセージです。

実際のところ、この手紙は業者で止まっている場合が多いのです。

それというのも、交渉をまとめるのは不動産会社の営業マンの仕事です。手紙を一通出して話がまとまるのであれば業者など必要ありません。

そもそも、とくに根拠もなく「ただ安くしてほしい」というのは、売り側の業者からしても、売主さんにしても簡単には飲めない要求です。

また、私が手紙を渡さない理由は、大抵は文面に心がこもってないからです。本に書いてあることを、そのまま写して書いてあるだけなので、その人の本当の思いではありません。心をこめて売主さんの気持ちに届く手紙ならまだしも、マニュアル通りの手紙は逆効果でしかありません。

9 不動産業者選びのセオリー

最後に不動産業者の選び方です。ここでは、必ず押さえておくべきポイントをいくつかお伝えします。

ここでポイントとなるのが、「どんな不動産会社を選んだらいいのか？」ということです。

残念ながら、すべての不動産会社がオススメできるとはいえません。

また、誰かの紹介であっても、それが本当に優秀な会社だから紹介をしたのか？それとも紹介をするとお金がもらえるからなのか？によっても意味が変わります。

たとえば、大家の会で紹介されたり、著名投資家さんに勧められた不動産会社が、紹介客と成約するごとに、その大家の会や著名投資家さんに対して、紹介料を支払っているケースもあります。

そうなると、その会社が良い会社だから紹介しているのではなく、紹介料をもらえるから紹介しているということです。

まだ顧客を持たない不動産会社からすれば、それは商売の一つのやり方ですから間違ってはいません。

そういった会社がすべて良くない会社とはいえませんが、「口コミでオススメの会社」ではないことは事実です。

くわえて、多くの投資家さんとネットワークを持つ会社であれば、紹介料をとる必要などありません。

当社のケースでいえば、キャパシティ以上のお客さんが増えると対応に困ってしまうため広告をセーブしている状態です。

1人の営業マンがサポートできる投資家さんの数には限りがありますし、良い物件も山ほどあるわけではありませんから、無制限にお客さんを受入れることはできないのです。

これは、当社が特別ということではなく、広告を使うことを主力とせず、口コミでの紹介とリピーターで成り立っている会社もあるという一例です。

①収益専門の売買仲介業者が基本

ほとんどの投資家さんが不動産会社を通じて物件を買います。

これは当たり前の話ともいえますが、不動産投資を行うのであれば、不動産投資を専門とする業者を選びます。

正式には、不動産投資専門の売買仲介会社です。

なぜ、私が「売買仲介会社」をオススメするのかといえば、最近は不動産会社が売主となる「中間省略」を行う会社が増えているからです（第1章参照）。

前述したように、それらの会社がよくないということではありません。瑕疵担保保険が2年間つくというメリットもあります。

ただ、基本的には自社の物件しか売ることができません。つまり、取り扱いの件数は売買仲介のほうが間違いなく多いということです。

物件を探していく中で、たまたま売主物件であった・・・ならいいのですが、中間省略を行う三為業者を中心に物件探しをしてしまうと、どうしても選択肢が限られてしまうことを認識しておきましょう。

②地域密着の業者がいいとは限らない

地元業者から情報を仕入れたい・・・と考える投資家さんもいますが、投資物件に限っては地場にこだわる必要はないと考えます。

一般的な不動産は地域に密着しながら営業していますが、それはマイホームを中心にした不動産の話です。

不動産投資に限っては取り扱いエリアが広範囲に渡ります。なぜかといえば、購入する人の居住地と購入される場所が遠くても運営が可能だからです。

融資に限っていえば、今は住んでいる場所、物件の場所が近いほど行いやすい側面がありますが、遠方を取り扱う金融機関もあります。

なにより東京にありながら、全国どこでも取り扱っている会社は多くありますし、当社であれば、会社が埼玉県の大宮、また東京都の四谷にありますが、主に関東圏の全域を扱っています。

③大手の不動産会社である必要はない

くわえて、不動産は金額が大きいですから、名の通った大手の会社の方が安心できる・・・そう認識をされている方もいるかもしれません。

しかし、大手の不動産会社は住宅販売が主力です。

一般の住宅と賃貸住宅、一般の戸建てや分譲マンションと一棟の共同住宅は、まったく性質が異なります。

また、不動産投資の融資付には情報とパイプが必須です。不動産投資を専門としていなければ難しく、我々のような不動産投資を専門とする業者は、常に投資家さんを金融機関へ紹介し続けておりますから、最新の情報を持っています。

ですから、たくさんある不動産会社の中から選ぶ場合は、投資専門の会社を選ぶことをオススメします。

④信頼関係を結べる不動産会社（営業マン）であること

不動産投資のポータルサイトを通じて不動産会社を開拓する人もいますし、先輩大家さんから不動産会社を紹介してもらうこともあります。

いずれにしても大きく成功している投資家さんには、強い信頼関係で結ばれている不動産会社の存在があります。

このパートナーとなる業者さんを見つけられるのか否かで、資産規模の拡大が決まるといっても過言ではありません。

とりわけ本業のあるサラリーマン投資家さんは、不動産投資に費やす時間に限りがありますから、世の中に溢れる不動産情報をすべて網羅することはできません。

そのため、自分に合った物件情報を提供してくれる不動産会社の存在は必要不可欠なのです。

もちろん不動産会社とはいえ、1社ですべての情報を把握しているわけではありませんが、それを専業にしているプロですからオープンな情報はもちろん、まだ表に出ていない未公開情報まで幅広く知っています。

このことから、業者と仲よくなったほうが確実に買えるのは間違いありませんし、失敗するリスクも軽減されると思います。

なぜなら、営業マンは自分のお得意様が失敗すると次に購入してもらうことができません。

投資家さんが成功すれば「次の物件、また次の物件！」と買い進めるケースが多いですから、営業マンにとってもプラスになります。

中には「売った後のことなんて知らないよ」という、売り逃げ業者もいますが、多くの不動産会社の営業マンは、大切なお客様の成功を応援したいと考えています。

第5章

新川式不動産投資術
【管理・出口編】

第5章は管理・売却がテーマです。

物件を買うことだけに注力しがちですが、いくら高利回り物件といえども高稼働させなければ意味がありません。そのために適切な管理運営は必須です。

そして、不動産投資において「出口を考えること」は購入と同じくらい大切ですし、売却を交えながら不動産投資を進めていくことは、理にかなったやり方でもあります。

最終的にどのような出口があるのか、そのためにはどうすればいいのか、そのルールと選択肢を知っておきましょう。

1 管理運営にどこまで関わるべきか？

不動産投資では購入ばかりに目を向ける人が多いですが、物件購入後に大切なのは物件の管理運営です。買ってからどのように稼働させるかをきちんと考えておきましょう。

実際のところ、私の知る投資家さんでも買って安心してしまっている方が多いです。オーナーチェンジで購入していて満室ならいいですが、その後、退去が続いた際にどうしていいかわからなかったり、入退去に伴うリフォーム費用のことを考えていなかったりと、先々のことを考えていない投資家さんは意外に多いものです。

ここで、簡単に解説しますと、まずは管理運営には、自主管理と管理委託があり、投資家さんが自ら管理を行う場合と、管理会社に委託するケースがあります。

管理会社にもいくつかの種類がありますが、大きく分けて「地元の管理会社」「都会の管理会社」「売買仲介会社が管理部門を作っているケース」という分類があります。

地元の管理会社の中には、大手のフランチャイズチェーンなどもあれば、何十年も夫婦で経営しているような会社もあり、その規模は様々です。

都会の管理会社は、全国を対象に管理を行っており、複数棟の物件をエリアをバラして買ってしまった投資家さんが、まとめて管理委託できるのが便利だと言われています。

最後は物件を売買する業者が管理を引き継げる場合です。

私の経営する会社には管理部門があり、当社で購入いただいた方の物件管理をさせていただいています。

2 管理会社は大切なパートナー

管理を任せた以上はその管理会社と相談をしながら、あくまでも管理会社が表に立って管理運営を進めていくのが理想的です。

管理会社の選び方でいうと、管理手数料だけで選ぶ投資家さんもいます。

管理手数料は3～5％が相場ですが、その内容をしっかり確認する必要があります。

24時間コールサービスを別料金にしている、管理会社が手配するリフォーム費用が割高、中には家賃保証に対して別料金を設定している管理会社もあります。

管理手数料を安くしても、このように別のコストが多くかかってしまえば、あまり意味はありません。

また地元の会社がいいのか、それとも広域をカバーできる東京の会社がいいのかという選択肢もあります。

テレビCMをしているようなメジャーな客付会社でも管理を行っています。地方であっても大手チェーンであれば、自社に営業力・集客力がある会社もあります。

投資家さんの理想でいうと、客付け力があると同時に管理力もある会社がベストなのですが、世の中にそれを満たす会社はあまりありません。

両方とも納得できる会社がなく、客付けにパワーのある会社は管理が弱い気がします。そして、管理力があるところは客付け力が弱く、それを認識してしっかりと客付会社に対して募集をかけてくれるならいいのですが、あまりやっていない会社が、とりわけ地方の会社に多い傾向にあります。

その他、物件によっても、管理会社の向き不向きがあります。

たとえば全空物件であれば、客付けが強くなければいけません。とりわけ単身向けですぐ退去が出るようなアパートは、客付け力が高い会社を味方につけなければいけません。

しかし、入居者の動きがあまりないファミリー系の物件ならば、それほど客付け力が強い会社に面倒を見てもらわなくても、水が漏れたり、ガラスが壊れたときに迅速に対応してくれる管理力の高い会社のほうが向いているのではないでしょうか。

このような背景を踏まえると、やはり売買をしたところで管理もやってくれるのが理想的だと私は思います。

なぜなら物件の特徴をよく把握しているからです。

とくにオーナーチェンジ物件であれば、売主からどのように引き継いでいるのか、また売主がどのように管理していたのかも知り尽くしていますから心強いです。

売買を担当する営業マンと管理部門はちがいますが、それでも同じ会社であればワンストップで業務を引き受けることができます。

そうなれば、「売って終わり」ではなく、その後まで責任を持って取り組むことになります。

ただし、これが満室で順調に運営できている物件であれば、無理に管理会社を変更する必要はないと思います。

それでも、売買仲介会社で管理も引き受けられる体制があり、購入後も「しっかりフォローします！」と言ってくれる会社の方が、投資家さんには向いているのではないかと思います。

繰り返しになりますが、不動産投資は物件を買って終わりではなく買ってからがスタートで、購入した物件をしっかり高稼働させることが、次の物件を買っていくための条件になるからです。

3

遠隔物件の管理運営術

首都圏にお住まいの投資家さんが、地方の物件を買うケースもよくあります。

遠隔運営の肝として、多くの空室があれば自分で動いたほうがよく、軌道に乗っている状況では外注を取り入れて運営していくのがいいでしょう。

空室対策にもなりますが、物件の価値を落とさないためにも、共有部の掃除は最低でも月に2回はやったほうがいいです。

また巡回は自分の足で行ける人はいいのですが、なかなか行けない人も多いと思います。

そこで巡回と掃除をシルバー人材センターや入居者にお願いします。

シルバー人材センターに月数千円を払うか、入居者さんにも同じように数千円で頼むことができます。

入居者はそこに住んでいるので、とりわけ年配の入居者なら快く引き受けてくれるケースが多いです。

そもそも黙っていても掃除を自らしてくれる人もいますので、それをしっかりと「窓口になってもらえますか？」と伝え、上手にやってもらっているケースもあります。

反して、若者はなかなか受けてくれないでしょう。

実際、私の経営する会社も外注に頼っており、上手にコントロールしているだけです。

そして、管理会社の上には、大家さんという司令塔が存在しています。

管理会社が実務を行いますが、それは決して丸投げという意味ではなく、あくまでも大家さんが司令塔として指示を出すスタイルでの動きがあるということです。

そのためにも管理会社とはぜひ仲良くしてください。

どのようなトラブルが起こったときでも、仲のいい人は助けてくれるものです。それは会う頻度の問題ではありません。相手との壁がなくなる関係が理想です。

4 リフォーム工事の種類とポイント

物件の管理運営にはリフォームは必須です。リフォームにもいくつか種類があるので、覚えておきましょう。

また、リフォームを行うことに対して、過度に恐れている投資家さんもいるようです。たしかにお金がかかるのは事実ですが、必要なリフォームを行うことは、不動産投資において欠かせません。

リフォーム費用についてはキャッシュフローを貯めるのが基本ですが、大規模修繕を行う予定があるのであれば、その分を追加で金融機関で借りることもできます。

①修繕工事

不動産は長く使っていると修繕が必要となります。

いきなりすべてが壊れるということはなくて、とくに住宅設備についていえば10年を目安に交換の必要があります。

その他、屋根の防水や外壁の塗装などもある一定期間が経てば、塗り直しが必要となります。

このようにちょっと何かが壊れたりすることは中古物件にはつきものです。

また屋上防水工事、外壁塗装工事といった大掛かりな工事は、大規模修繕行といい、金額も大きくかかります。

築年数の経った物件で割安な物件の中には、大規模修繕工事を行う必要があり、安く売却した・・・そんなケースも見受けられます。

購入前に修繕履歴をしっかり調べること。購入後には適切な修繕を行うことは、必ずしなくてはいけません。

②原状回復工事

入退去に伴うリフォームです。原状に戻す工事という意味で原状回復といいます。

入居者さんが故意に壊したもの、タバコやペットによる部屋へのダメージは、入居者さんの負担ですが、フローリングのへこみやクロスの汚れなど、普通に生活をしていて汚れたり古くなったりしたものはオーナー負担となります。

とくに長期入居されていた入居者が退去された場合、部屋がボロボロになっているケースもありますが、長く住んでいた分、部屋が傷んでいて当然という見方となり、オーナーの費用負担が大きくなります。

③物件の価値を上げるリフォーム

ただ、元に戻すだけではなくて、物件の価値を上げて家賃を高くするようなリフォームです。

私の持論ではリフォームをしっかりやれば家賃は必ず上げられます。

しっかりというのは「お金をしっかりかけるリフォーム」という意味ではなく、「しっかり効果のあるリフォーム」という意味です。

リフォームで部屋をオシャレにして雰囲気をよくしていきます。すべての設備を最新のものに入れ替えるようなことはせず、クロス（壁紙）や床を変えるなど、面積の大きい表層の部分をオシャレなものにするだけで、部屋の雰囲気はガラリと変ります。

私は壁の一面だけをアクセントにするのが好きで3種類のクロスを使っています。通常であれば、ホワイトベースの量産クロスに、一面だけデザイン性の高いアクセントクロス（1000番台のクロスと呼ばれる）を使うことが多いのですが、1000番台のクロスを2種類使うことで、よりオシャレな部屋に見えます。

単身タイプの部屋など、施工面積が広過ぎなければ値段もさほどかかりません。壁面の色を変えるだけでも雰囲気が全く変わるのです。

どんなお部屋にすればいいのか、という問題ですが、自分が住むのではなく、あくまで他人に貸すということが前提となります。

どのようなものが入居者に好まれる傾向にあるのかは、管理会社や客付業者からヒアリングしてもいいでしょう。

しかし、その通りにして必ず決まるとは限りません。

部屋づくりを考えた場合、「万人から好まれるものがいい」という人もいるし、「万人が好むようになると平凡になるからターゲットを絞るべき！」と称える人もいます。

私は両方とも正しいと思っています。

そして「どちらが楽しいのか？」と考えれば、いろいろやったほうが楽しいと判断したので、いろいろ工夫をしているのです。

5 リフォーム業者の選択方法

次にリフォーム業者の選定基準ですが、リーズナブルな価格で行ってくれることはもちろん大切なのですが、どれだけ誠実に仕事をするかが大切だと思います。

というのも、工事の仕方には様々なやり方があり、職人の腕によっても仕上がりは変わってくるものです。

安い業者はそれなりの工事しかできませんし、期日通りにしっかりと行うという基本的なこともできていないケースもあります。

投資家さんはよく「クロスの平米単価は？」と価格だけにフォーカスしがちですが、安い単価の業者は、クロスの施工面積をごまかしたり、別途に項目を立てて費用請求するケースもあります。

私が日ごろに頼んでいる業者さんは、値段が安いという理由で頼んでいるわけではありません。

その業者さんと信頼関係があり、安心して任せられるほうがいいのです。

誠実な業者さんか見分けるコツは以下があります。

・話してみた印象
・やりとりの際、レスポンスの早さ
・見積もり書がわかりやすいかどうか
・工事内容の質問をしたら、わかりやすく説明してくれるか

また、投資家さんによって数字にすごく厳しい人がいます。

厳しいのはいいとして、業者に任せた仕事に対するチェックポイントがやたらと多いのです。ですから、すごく気苦労が多いのではないかと想像します。

1つのことに対して、「あれは大丈夫か?」「ここは失敗していないか?」「これは高くないか?」「騙されていないか?」とたくさんクリアしてから、ようやく「お任せし

ます」となります。

私はそれを端折ったほうがもっとスピードが速くなりますし、おそらくそのほうが効率よく進むのではないかと考えます。

6 空室対策は足を使う！

空室対策を考えたときに、部屋をキレイにすることは有効ですが、それを周知することも大切です。

その際に、大家さんが足を使って動くことは有効だと思います。

ただし、管理会社によっては、それを嫌うこともあります。というのも、大家さんが他社を回ることで、「弊社で管理をやらせてもらえれば！」と管理を取られることもあるからです。

しかし、回ったほうが入居の決まる確率は上がりますから、回ったほうがいいと思います。

その際の注意事項は、管理会社に許可を得てから行うこと、また窓口はあくまでも管理会社にしておくことです。

そこで、窓口を管理会社にせず、「何かあったら自分に連絡ください！」とすると管理会社との信頼感がゆらいでしまいます。

オススメのやり方としては、管理会社の担当と一緒に客付の店舗を回るというものです。

管理会社によっては対応していないかもしれませんが、二人三脚で行えば信頼関係を保ちつつも客付に効果があるでしょう。

7 家賃を安易に下げてはいけない!?

なかなか入居が決まらないときは、管理会社から「家賃を下げた方がいいですよ！」という提案を受けることがあります。

その場合は値下げではなく、募集の条件を見直して入居を決められます。

ここでのポイントは、客付会社が何を望んでいるのかをリサーチすることです。

仲介手数料を多く払ったほうがいいのか、それとも広告料を払ったほうがいいのか？

彼らが何を望んでいるのかを聞いてそれに合わせます。

お金をたくさん欲しがる会社もあれば、お金よりも取引件数を増やしたほうがいいと考えている会社もあります。

たとえば、「広告費を家賃の1・5カ月欲しい！」という客付会社があれば、それに応えます。

取引件数を増やしたい場合は、入居者を速やかに決めたいということです。

それには入居者に対して初期費用サービスをしたり、フリーレントを行う方が効果的です。

要するに、客付会社に対して柔軟に対応して、「あのオーナーさんならこちらの要望に応えてくれる！」と伝わったほうが決めやすくなるわけです。

もう1つのポイントは、こうした交渉の窓口を管理会社にまかせることです。

当社の場合であれば、基本は仲介手数料1カ月をいただき、それを客付会社に渡すようにしています。

管理会社を主力の業務にしている会社であれば、このやり方は難しいかもしれません。

私の会社が管理業務を行う目的は、順調に経営するためのお手伝いをすることで、次も買ってもらうためです。

管理で儲けを考えていないため、こうしたやり方ができます。

経営方針は管理会社によって変わるところがあるので、自分が依頼している管理会社がどのような会社であるのか確認しておいた方が良いと思います。

8 売却の指標もまた「利回り」

続いては、売却についてです。買ってすぐに売却を考えることはありませんが、購入時に出口を考えるのです。

状況によって売却を取り混ぜて、キャッシュポジションを上げて、さらなる規模拡大を目指す・・・というのは一つの王道でもあります（もちろん、規模拡大だけが正解というわけでもありません）。

売却を前提とした場合、木造物件は法定耐用年数が22年と短く、耐用年数の長いＲＣ造物件に比べると売買しにくい印象がありますが、そんなことは決してありません。

私の経営する会社では、中古の１棟アパートがもっともよく売れています。

木造物件は修繕がしやすいという大きなメリットがあります。

そのため築年数の経った物件でも、しっかりリフォームをしている物件がありますし、そうかと思えば何も手を加えていない物件もあります。

つまり、築古だからといってボロボロとも限りません。住宅設備を入れ替え、外壁塗装や鉄部塗装が施されていれば、新築とはいえないまでも十分にキレイで魅力的な物件です。

逆に築10数年程度でも、まったく手入れをされていなければ、驚くほどボロボロで荒れている物件だったりします。

私がここでお伝えしたいのは、建物が維持されて、しっかり入居者がついていれば、その物件がどれほど古くても商品価値があるということです。

その際にキーワードとなるのが「利回り」です。

時代によって、投資家さんから求められる利回りは変わります。エリアによっても変わります。

その時の市況に合わせた利回り相場というものがあるので、土地の値段、建物の値段というよりも、「今、利回り何%なら売れるのか？」ということが重要視されるのです。

逆にいうと、収益物件自体は利回りさえ生めば、どれだけ古くてもボロくても売れるわけです。

ここで気をつけたいのは家賃が下がると利回りも下がることで、それが最大の不安要素になります。

新築アパートは30年の長期ローンが受けやすく、新築して10年程度は修繕が発生する可能性が低いこともあり、投資家さんの人気を集めています。

しかし、新築の家賃は相場より高いものです。

高い家賃がとれるのはよいことですが、それはあくまで「新築」だからこそで、築年数が経てば必ず下落します。

つまり、新築アパートは利回りが必ず下がってしまうのです。

新築を買ったばかりで売却を検討する投資家さんはあまりいないかもしれませんが、出口の視点から見れば、新築の木造アパートでも場所によってはとても危うく感じます。

それに対しても、中古アパートは新築に比べて家賃の下落幅がありません。

新築・築5年・築10年ではずいぶんと違ってくると思いますが、築25年・築30年・築35年ともなれば、さほど差はありません。

築年数が5年ちがうことよりは、その物件がどれだけ手入れをされているのか?

あるいはリフォームが施されているのかがポイントになります。

つまり、家賃を上げる努力をすればいいわけです。

たとえ昭和築であっても、お部屋の中をキレイにすれば高く貸せるようになります。

そのような努力をすれば利回りが自然と上がります。

9 最後は更地にして売却する!?

中古アパートの出口を考えた際、利回りをある程度確保できて、きちんと入居がついていれば、アパートとして売却できます。

それと同時に、その立地や土地の形状によっては「土地としての売却」も検討されることが多いです。

たとえば二面道路に接していて、宅地分譲がしやすい土地などです。

これは20年前から同じ話をしているのですが、「いずれ土地として売りやすいですよ。土地を半分に切って売ればいいですから」といった取引きを見てきましたが、じつは誰もそのような売り方はしていません。

結局のところ、そのまま普通に投資物件のオーナーチェンジとして売っていることが多いです。

というのも、アパートがすべて空室であればいいですが、1人でも2人でも入居があれば、それをオーナーの希望で退去させるのは至難の業です。

普通賃貸借契約では入居者の権利が守られており、オーナーが「土地で売りたいから建物を取り壊したい」といった理由で、退去をさせることはできません。

その際には「正当な事由」といって、法的根拠のある理由が必要なうえ、引っ越し費用を負担したり、転居先を確保したりと非常に手間もコストもかかります。

そのため、私に相談された場合は「土地として売ることは皆さんしていませんよ」と伝えています。


更地にすることで価格が上がるならともかく、そうでなければ、建物があり家賃収益があれば利回りで売れます。

一般的な住宅の価値は、木造なら残存期間が22年と言われています。

22年経ったら建物の価値はゼロになり、土地値だけで取り引きされているわけです。

それが収益物件になった途端に、その収益性が価値を持ちます。

前述した通り、その利回りが価格に反映されるのです。つまり、不動産の価値＝物件の価値ではないのです。

そのルールを知らず、もしも相談する相手が収益物件のことを深く知らなければ、「もうこの建物は古いから壊して更地で売ったほうがいい」という見解になるわけです。

ある地主さんは、「もうアパートを売却するつもりだから、入居者を入れないようにしているんだよ」と言っていましたが、私からすれば見当ちがいだと思います。

収益物件の売却を考えた際、空室では価値をもちません。しっかり入居者を入れたほうが得策です。

10 円滑な管理運営に必要なのはオーナーの人間力

最後にお伝えしたいことは、不動産経営において大切なのは「オーナーの人間力を高める」ということです。

ここ数年過熱している不動産投資ブームでサラリーマン投資家さんが増えています。

地主さんの物件が多数を占めるエリアの中に投資物件があれば、「あの物件は投資家さんの物件だ」と覚えてもらいやすいですが、投資家さんの物件が多いエリアであれば、よほど目立った特徴がない限り、その他大勢の物件として埋もれてしまいます。

この物件のオーナーは誰なのか、管理会社に覚えてもらい難いのです。

ライバルの投資家さんがひしめく中、菓子折りを持参するなど少しでもアピールに努めていれば、「物件に対して何かしら頑張っているな」と管理会社に覚えてもらいやすいものです。

もちろん物件そのものに手を入れる、あるいは掃除を小まめにしていると認知度も高くなるはずです。

そして、投資家さんの人柄も大切です。

オーナーがいい人ならみんな応援したくなります。

心配性の投資家さんの中には、責めるように細かく確認する人もいますし、まるで部下に対するように、上から目線であれこれ指示を出す方もいらっしゃいます。

とくに自身がサラリーマンとして有能な方ほど、他者に対しても厳しくふるまうケースが見られます。

これは間違った対応とは言い切れませんが、あまり良いやり方ではないと思います。というのも口先だけならなんとでもいえるものです。

当たり障りなく「がんばっているのですが・・・」と上手にかわされてしまいますし、「あのオーナーさんの物件は管理したくない！」と思われたら営業してもらえなくなります。

卑屈になるほど下手に出る必要はありませんが、普通に気遣いを持って接するにこしたことはありません。大切なパートナーだと思ってお付き合いしましょう。

同じ不動産会社との付き合いでも、売買取引では大きな金額が動きますし、現地調査をしたり融資付で動いたりと、それなりに手間と時間をかけていくものなので、担当の営業マンとも強い信頼関係が生まれやすいです。

しかし、管理会社の担当となると、それほど仲が深くありません。

そのような中でうまくやっていくには、上下関係をつくるのではなくて、人対人ということで思いやりを持って接する方が円滑に進むように思えます。

第6章

成功する大家さん「7つ」の共通点

第6章では、私が長年業界と携わってきて間違いなく感じる、成功する投資家さんに共通する7つの項目をあげていきたいと思います。

今回の書籍で紹介しているのは、とくに著名でもなんでもない一般的なサラリーマン投資家さんばかりです。購入した物件も他人から見れば、そこまで魅力的に見えないかもしれません。

しかし、変化し続ける市況の中で、物件を購入していく、そして、しっかりと運営する。タイミングがきたら売却する。そういったシンプルなことをし続けるのが不動産投資なのです。その結果が、無事に収益を得て、成功者と呼ばれるのではないかと思います。

また、一時の流行りの手法に乗り、利回りや儲けを追い求めすぎて、10年、20年のサイクルでの不動産経営を考えずに購入し、立ち行かなる方も多くみられます。

歴史は繰り返されるといいますが、これまでの成功者の行動や考え方を模範することがシンプルに成功への近道だと私は考えます。

1 目標

物件を買えている投資家さんは、「明確な目標を持っている」という共通点があります。

むしろ、この本を読んでいて不動産投資の「目標」がない人は、今すぐにでも目標を見つけて欲しいと思います。

この目標とは、具体的にどんな物件を買いたいのかではなくて、「将来はこうしたい！」というビジョンのようなものです。

たとえば、投資家さんには「老後はこうしたい」「奥さんと旅に出たい」といった目標を持ってもらうようにしています。それがモチベーションになるからです。

不動産を買うためには、仕事が終わって家で一息ついているときでも、「今日これから物件見に行きましょう！」という我々からの提案に応じてもらえる体勢でなければいけません。

なぜなら、レインズは夜の11時まで閲覧できるからで、夜11時に物件が出ることも十分ありえますし、当社は出物があれば、すぐにそれを連絡しているからです。家でゴロゴロしている夜11時に、「今から物件を見に行きましょう！」と連絡をされるのは投資家も、また担当も大変です。

しかし、私はこれまでに何度もお客さんを引っ張り出しています。深夜の2時に現場を見たりしてきました。そうすることで最終的に良い物件を買えているお客さんがいらっしゃるのです。

我がことながら、これは心身ともしんどいことです。

だからこそ、明確な目標がなければ、そこで踏ん張ることが出来ないのだと思います。

2 決断力

入口によって違いはあれど、皆さんに共通しているのが、「えいや！」と勢いで買える人たちで、これを言い換えれば「決断力」のある人となります。

それに反して、なかなか決断のできない人が意外と多いのです。

たとえば、「この物件より、もっといいものがあるんじゃないか？」と迷っているうちに、他の人に買われてしまう。大きな買い物なのでその気持ちは分からなくもありません。

「買う！」と決めた後も、家に帰ってパソコンで「もっといい物件があるのでは？」と探したくなるのは仕方ありません。

しかし、そこで気になる物件が見つかると、「やっぱりあの物件を買うのはやめておこう」と決断がブレてしまう人がかなりいます。

これは、欲の世界なのでキリがないのです。

一度「買う！」と決めたのなら、もうポータルサイトを見ないようにしたほうがいいのではないでしょうか。

何故このようなことが言えるのか。それは、過去に購入することをやめた人が何人もいて、その都度、理由を聞くようにしているからです。

彼らの理由や行動を深く聞いていくと、やはりポータルサイトを見て気持ちが揺らぐ人が多いのです。

他の物件を調べるエネルギーがあれば、購入を予定している物件を調べることに使ったほうが建設的です。

3 スピード

買える人は「決断力」があると言いました。その決断にはスピードが伴っています。煽るつもりはないのですが、現実としてとくに最近はその傾向が強くなっています。

一昔前なら平日に物件が出ると、次の週末の土曜や日曜に内覧するスピード感でも対応ができましたが、現在ではその日のうちに見に行って、その場で決断しなければとうてい買えません。

それだけプレイヤーの数が増えたということで、この先も減るとは考えづらい状況です。

つまり、あらゆる場面でスピードが伴わなければ買えない時代です。

たとえば、物件を見に行く～結論を出す～資料を集める・・・こうした基本的なアクションをスピード感を持って動くのが大事です。

営業マンから連絡があり「今日、物件を見に行きませんか?」と提案されたとき、もしあなたが、「今日は遅くて眠たいし、明日の朝か今度の休みにでも」なんて口にでもすれば、それ以降から営業マンが物件を紹介しなくなることなど普通にあります。

あるいはどうしても忙しい時期で、たとえば決算期だから身動きがとれないのであれば、その一言を営業マンへ伝えておくことをオススメします。

そうしなければ「この人は紹介しても動かない人だな」と思われてしまい、どんどん後回しにされてしまいます。

4 融資戦略

「目標」「決断力」に「スピード」に続くのは、順番を意識した「融資戦略」だと思います。

その投資家さんが買える物件というものは、その人の年齢、年収や自己資金によって、ある程度は決まっています。

その中でも使える金融機関の選択肢がいくつかあるので、その金融機関をどのように使っていくのかが肝となります。

とくに融資を使っていきたい場合は、その順番が大事になります。ゼロ棟からスタートされる場合は、この順序を間違えてしまうと早々に次の物件が買えなくなる状態に陥ってしまう可能性もあります。

5 交渉力

交渉力というのは、コミュニケーション能力だと思います。

管理会社や売買仲介、それにリフォーム会社も含めて、不動産投資はじつに多くの業者と関係を持ちながら行うものです。

対企業だけでなく対個人では、物件の近所に住むお婆ちゃんともコミュニケーションをとる場合もあります。

何にせよ、不動産投資をするのであれば、多岐に渡って人と付き合っていくことになります。

また、業務を外注に出すことも多くなることでしょう。そこでは掃除を上手くするテクニックを磨くよりも、掃除のスタッフと仲良くするテクニックを磨いたほうが、良い物件運営ができます。

物件を安く買う際にも交渉力が必要です。

物件を安く買えていたら、どんな物件でも問題ありません。どうして失敗する人がいるのか？　それは本来の価格以上に高い値段で買っているから失敗しているのです。ですから、安く買えている人は成功により近い位置にいると考えます。

交渉力からは少し話がずれますが、最近は自分が安く買えているのか、それとも高く買ってしまったのかを理解していない人が多いように思えます。

少しでも調べれば、「この会社は危ないぞ！」と判断できそうな人たちが、高い値段で物件を掴んでいます。何故なら物件の価値ではなく、利回りだけに目を奪われて買ってしまったからなのです。

くり返しますが、ポイントは相場より安く買うことに尽きます。そのためには交渉力、また事項で説明するリサーチ力が必要です。

6 リサーチ力

不動産の価値は、土地の価値と建物の価値によって決まります。しかし、投資物件はそこに「利回り」が関わってくるので、極論をいえば、「利回り」だけで物件を売ることができます。

不動産業者も、「利回りで買う人がたくさんいる」ことを知っているので、「高く売るためには利回りを高くすればいい」と考えるようになります。

利回りを高くするには入居者に高い家賃で入ってもらえばいいだけです。つまり、利回りは自らつくり出せるのです。

そして、「つくられた利回り」だけが独り歩きして、実際の不動産としての価値が低い物件というのは世の中に溢れています。

不動産としての価値がない分を、利回りがカバーしていたら別に問題はありません。しかし、頼みの利回りがつくられたものだとすれば非常に脆いのです。

そのような物件は、基本的に全て割高です。更にいえば、世に出てくる不動産投資物件は全てが割高です。

そのほとんどが積算評価で求められた不動産の価値より高いのです。実際には、収益還元で評価すれば、さらに高値で取引きされています。

そもそも不動産の価値というものは、先述したように土地の値段と建物の値段から成り立っています。

この値段は調べようと思えば誰でも調べられる情報です。そのくらいのリサーチ力は全ての投資家が持つべきでしょう。

そのときに気をつけてほしいのですが、世間の家賃相場には新築物件も含まれているということです。つまり、新築物件が相場を高めに維持しているのです。

ですから、その数字をそのまま信じて中古や築古物件を運用しようとすれば、たちまち失敗する可能性が高くなります。

私としては、不動産ポータルサイトの家賃相場を、新築と築○年以内、築○年以降と分ければよいだろうと考えています。

新築物件の多い地方では、やけに家賃相場の高いエリアが存在します。最近の新築は広めに部屋をつくるのがトレンドなので、地方の単身物件でも6万円という高家賃が取れています。

そのような新築物件がたくさん建てられてしまうと、その地域の家賃平均相場が底上げされて、「4・3万円」くらいになります。しかし、中古物件の家賃はというと2万円くらいが相場だったりするのです。

実際には5万円くらいが家賃相場のエリアに対し、7万円で客付けしている新築物件すらあります。その家賃はあくまで希望小売価格のようなもので、本来の値段ではないのです。

では、なぜこれほどまで相場とかけ離れた家賃で募集をしているのかといえば、業者が「利回り」で物件を売ることができるからです。

そのため、とくに新築を買う場合は「本当にこの家賃でお客さんが住んでくれるのか？」と、想定家賃が妥当であるのかを調べなければいけません。

根拠のない想定家賃を信じて買ってしまうと、後になってから「こんなはずじゃなかった！」と後悔することになります。

それだけに「リサーチ力」は投資家が成功するために必要な能力なのです。

たとえば、地方で更地を300坪も買ったと聞いたなら、あなたは「失敗しそうだ」「リスクが高そうだ」と想像するかもしれません。

しかし、その土地を1万円で買っていたらどうでしょうか。

これでは自己破産をするような失敗も起こるはずがありません（固定資産税は払い続ける必要がありますが）。

極端な例をあげましたが、安く買うということはそれだけ重要なのです。

7 経営力

不動産投資と、株やFXとの大きく異なるポイントは、自分でコントロールが可能であるかどうかです。不動産には自分で選択できたり、自分で判断できるポイントがあちらこちらにあります。ですから、たとえ同じエリアに同じ仕様で物件を建てたとしても、オーナーの力量次第で収支の幅が生まれてきます。

その差はホンの小さなところで、たとえば入居の申し込みが来たときにいち早く対応できるか。入居者からのクレームに誠実に対応できているか。物件を清潔に保てているのか。このような小さな積み重ねで収益が変わってくるのです。

そして、これこそ不動産投資が「経営」と呼ばれる理由です。

アパート経営という一つの事業経営をやっているので、あなたはその経営者として、どう運営していくのかを真剣に考えないといけないのです。つまり、「経営力」が成功の必須条件となるのです。

できない人は、自分の意思を持たない人

不動産投資で成功するための必要な条件や能力をあげてきましたが、それができない人たちは、いったいどのような特徴があるのでしょうか。

私が多くの人に会ってきた経験から言えるのは、「気の優しい人」「優柔不断な人」が、その傾向にあるように思えます。これを言い換えると、自分の意思のない決断力のない人たちです。私とは対局にあるような方たちでした。

そのような人たちが投資セミナーに行くと、「あっ、このやり方がいいんだな!」と考え、また別の日に違うセミナーへ行けば、「やっぱりこっちの方がいいんだな」と、

このようにコロコロ考えが変わります。

要するに主体性が無いのです。「自分」というものが無いため、妙な提案をされても、それに流され結局は買わされてしまうのです。

このように疑うことを知らない人たちが実際にいます。よい性格だとは思いますが、投資の世界ではカモにされてしまいますから、くれぐれも気をつけていただきたいです。

私はと言えば、どこかへそ曲がりなところがあるので、「それ本当なの?」と疑ったり、他人の意見も聞いて再確認しています。

不動産業者には実に様々な人がいます。一方で、投資家さんにも様々な人がいます。当然ですが、気が合う、合わない人も出てくるでしょうし、そこには、いろいろな組み合わせの可能性があります。

最後に、何度も申し上げている通り、不動産投資には「これ!」といった一つの正解はありません。

それゆえに迷われる方も多いということは、私もよく認識しています。

無数の情報があり選びきれないという人も多いですが、どうか自分なりの道を見つけて進んでください。私は全力で皆さんの応援をしたいと思います。

おわりに

最後までお読みいただきまして、ありがとうございます。

私は収益専門の不動産会社「クリスティ」に14年間勤めていました。一旦、退職して「富士企画」を立ち上げ、一昨年から出戻りで「クリスティ」の代表も行わせて頂いております。

私が建築業から転職して不動産業に入ったときに、私のほかに営業マンは先輩2人しかいませんでした。

入社当初は不動産のこともよくわからず、全く売れませんでした。それが3カ月目、4カ月目から売れ始めたのです。

最初の成約は融資が通らず解約になったりと苦い経験もしました。

それでも失敗をバネにして、「建築出身」という経歴を活かし、リフォームのアドバイスもしながら営業するスタイルを確立したのです。

というのも、不動産業の上司たちは建築のことを全く知りませんでした。それでも不動産はものすごく売っていました。私はそれを不思議に思って上司に尋ねたら「いやいや、不動産の売買だから建築の知識なんかいらないんだよ。だって不動産屋だよ?」と言われました。

そこで私はその上司の話をヒントにして、「それなら俺は、建築やリフォームの仕方が全部分かるから、それで物件を売っていこう!」と考えたのです。


たとえば、外見がかなり古びたアパートでも、形としてオシャレであれば塗装するだけで見違えるように生まれ変わる可能性があります。

これが某ハウスメーカーの普通のアパートになると、ただの直方体なので普通にリフォームをしただけでは古さが消えません。

しかし、とあるメーカーの物件では壁面や、屋根を少しいじるだけで、ちょっとおしゃれな感じを出せます。また、そのメーカーは年代ごとに建物外観に特徴があるため、それも説明していました。

そんな話を、物件を売るときだけでなく、普段から街を移動しているとき、お客さんにするようにしていました。部材や建物の構造に至るまで、ひたすらしゃべっていました。

こんな話をする営業マンなんて、当時は誰もいませんでしたから、自分の個性になりました。そうやって私は一人前の営業マンになったのです。

そして紆余曲折を経て、今は「富士企画」「クリスティ」の代表となりました。これも私だけの力ではなくて、これまで関わりのある投資家さんやスタッフ、関連業者さんなど皆さんとのご縁があってこそです。

私は今は営業から離れて、投資家さんからの投資相談を受けたり、趣味のサーフィンを投資家さんと楽しんだりと、マイペースにさせてもらっています。

最近は「サーフィン大家の会」を立ち上げて、投資家さんはもちろん、業者仲間や金融機関さんも交えてよく遊んでいます。仕事か遊びなのかよく分からない関係が、やはり一番いいと思っています。


世間では新築シェアハウス問題などがたびたび取り沙汰されています。

それにより当社への影響はありません。しかし、取引相手まで範囲を広げるとそうのん気なことも言っておられません。

たしかに融資は引き締まっていますが、だからといって、何か「裏技」のようなものを見つけて融資を受けようという考えは決しておすすめできません。

これらは基本的にいたちごっこなので、今後もいろんな技が出てくると想像します。投資にも流行り廃りはありますが、安易に流行に乗らず、普通に投資をしていればいいのです。

今から不動産投資をはじめたい人は、200万円の区分マンションや100万円の戸建てなど小さくスタートしてもいいのです。

100万円しか持っていないのに、いきなり1億円の物件を買おうとするのは大きな間違いです。余裕があるならまだしも、不動産はなけなしのお金を投じるような投資ではありません。

100万円しかないなら、100万円の戸建てを買えばいいだけです。コツコツ買い続けていれば、たとえばその戸建てを共担に入れて、ローンを借りて投資できるステージが待っています。ルールに則り、堅実に進んでいくのがよいでしょう。

20年前は、そのようなやり方で投資をはじめる人がたくさんいました。まだ20代で自己資金が100万円しかない。それでも不動産投資をしたい。その人は融資が受けられないので、親からもお金を借りてきて200万円くらいの区分マンションを購入しました。

最初の1戸が買えれば、今までの給料にプラスして家賃収入が入るので、お金の貯まるスピードが上がります。更に次の物件を買っていけば、どんどんスピードは上がり、次々と物件が買えるようになりました。

先日、その人と20年ぶりにお会いしたら、年間家賃収入が6000万円を超えていました。たまたま時代がよかったのかもしれませんが、私はその人が10年、20年と先を見越しながらコツコツやってきた結果であると信じます。

私自身、この20年という歳月は長いように感じますが、振り返ればあっという間のことでした。ここから先の20年は長いと感じていても、やはり振り返ってみると、「あっという間だった！」となるのでしょう。

自分が何歳の時に何をしたいのか、それを見失わず、焦らずやっていければ、きっとあなたも楽しみながら不動産投資をし続けることができるでしょう。

最後に本書の執筆にあたり、ご協力いただいた方々に感謝を述べたいと思います。第3章の事例に登場いただいた10人の成功投資家の皆さん、くわえて、一緒に遊んでくれる「サーファー大家の会」の最高の仲間たち、いつもありがとう！

それから私についてきてくれている「クリスティ」「富士企画」のスタッフ、そして、いつも陰でいつも支えてくれている父にも感謝を捧げます。また、本書の発行元である、ごま書房新社編集部の大熊さん、執筆協力いただだいた布施さんにも大変お世話になりました。

読者の皆さまにも御礼を述べさせていただきます。本書をご購読いただき、ありがとうございました。

2018年6月　初夏の海辺で

新川　義忠

・著者プロフィール

新川 義忠（しんかわ よしただ）

株式会社クリスティ代表取締役、富士企画株式会社代表取締役。

1972年、福岡県生まれ。不動産投資専門会社でトップ営業マンとして実績を挙げた後、2012年に独立、富士企画(株)を設立。2016年より老舗不動産会社である株式会社クリスティの代表も兼任。サラリーマンから地主さん、プロ投資家まで様々な案件にて、現在までに約3500件の物件売買に関わる。「投資家目線でのアドバイス」「すぐには売らないスタイル」の人柄が信頼を呼び、著名大家さんも含めファンが多い。その手腕が話題を呼び、TV出演などメディアから取材多数。著書に『出口から逆算する“プロ”の不動産投資術！』（ごま書房新社）、『万年赤字物件を脅威の高値で売る方法』（幻冬舎）。趣味は週2回行くサーフィンほか幅広い。

●Facebook【新川義忠】
http://www.facebook.com/yoshitada.shinkawa
●株式会社クリスティホームページ
https://www.christy.co.jp/
●富士企画株式会社ホームページ
http://www.fuji-plan.net/

物件サポート3500人！
事例で見る“勝ち組大家”の法則

著　者	新川 義忠
発行者	池田 雅行
発行所	株式会社 ごま書房新社 〒101-0031 東京都千代田区東神田1-5-5 マルキビル7F TEL 03-3865-8641（代） FAX 03-3865-8643
カバーデザイン	堀川 もと恵（@magimo創作所）
編集協力	布施 ゆき
印刷・製本	東港出版印刷株式会社

ISBN978-4-341-08704-3 C0034